一流の男だけが知っている

賢いスーツの買い方

8万5000人を服飾指導した
ファッション・プロデューサー
しぎはら ひろ子

はじめに

百貨店でも、スーツ量販店でも、一瞬でかっこよくなる一着が見つかります

この本は賢くスーツを買う方法をコンセプトにした一冊です

本書が対象にしているのは、

❶迷わず楽に、スーツを選べる方法を知りたい人
❷日常では、2プライスストアの3万円くらいのスーツを選んでいる人
❸百貨店や専門店は、買い物をしにくい（敷居が高い）と感じている人

です。

この本を読むと、あなたは「迷わずに・楽に・スーツを買うことができる」ようになります。そして、スーツを買うときに、もう二度と失敗することがなくなります。

さらに、自分を引き立て、自信を与えてくれるスーツやシャツ、品格を上げてくれるネクタイや小物の選び方が身につきます。

そして、ファッション誌では決して特集しない、

❶「スーツの賢い買い方の裏技」

❷「百貨店やスーツ量販店の販売員との上手な接し方」

❸「スーツの着方の基本とビジネスドレスコード」

といった基本的なことを詳しく解説しています。

本書では、スーツを購入する店を、「百貨店」と「スーツ量販店」に大きく分けています。構成上、「まず百貨店で試着して、スーツの基本的な知識を知ってからスーツ量販店へ行きましょう」という流れになっています。

賢くスーツを選ぶには、百貨店や専門店などの幅広い商品構成の店で、まず試着をしてみて体感することが重要です。すると、スーツ量販店に行ったとしても、迷うことなく、自分にしっくりと合うスーツを見つけられるようになるのです。

ですが、必ずしも百貨店で最初に買う必要はありません。いきなりスーツ量販店に行っても大丈夫です。そのためには、本書を一通り読んでいただいて、スーツの原則、販売店の見分け方、15万円のスーツと3万円のスーツの違いなどを、疑似体験してみてください。

「何をお探しですか？」という接客が苦手でも大丈夫です

いま、この本を手にとったあなたは、普段、どのようなスーツを着ていますか？

どこで、どのくらいの価格で購入しましたか？

あなたがスーツを買ったときのことを思い出してみてください。

店頭で販売員とどのような会話をして、買うスーツを決めたのでしょうか？

「スーツをお探しですか？」

「ビジネスで着る一着ですか？　カジュアル用ですか？」

「それではまず、サイズを測らせてください」

「これなどいかがでしょう。新しく開発された××××の生地を使用しており、▲▲▲▲▲なので、お勧めです」

何をどのように勧められているか、いまひとつよくわからないまま、販売員のセールストークに圧倒されて、「じゃあ、それで……」と購入してしまったのではないでしょうか？

実は、売り場の販売員たちは、ファッションが好きでこの業界に入った人がほとんどです。ですから仕事を通じて、あなたの買い物に役に立ちたいと、常に心がけているのです。

あなたに必要なのは、難しい専門知識や「うんちく」ではありません。「買い物の目的と、必要最低限の知識」だけで十分なのです。

専門知識は、売り場にいる販売員が十分に学んでいるので、あなたが覚えなくても、彼らの力をうまく借りればいいのです。

つまり、賢い買い物をしたければ、その道のプロの知恵と知識を上手に使うことが重要になってきます。ですから、堂々と質問し、必要な知識をその場で引き出しながら、販売員のやる気を味方につければいいのです。

スーツ量販店のイージーオーダーが進化しています

スーツ量販店のスーツを、「安かろう、悪かろう」と思い込んでいる方がいるかもしれません。ところが、近年のスーツ量販店では、格式の高いホテルやレストランに堂々と入っていけるイージーオーダーのスーツを、3万円前後で購入することもできるのです。

「ルールに則っていて」「日本人の体型に合っていて」「リーズナブルな」イージーオーダーのスーツは、日進月歩で進化しています。

「スーツはイージーオーダーが当たり前。低価格で高品質なイージーオーダーをスーツ量販店で購入する」という新しい時代へと移行しているのです。これまでの「吊《つ》るし」＝「既製品」を、そのまま着るだけの時代は終焉を迎えようとしています。

ここ数年、イージーオーダーに特化したスーツ量販店の新業態が次々に登場して活況を呈しており、今後はさらに増えていくことでしょう。

あなたがいま、本当に買うべき一着が見つかります

ビジネススーツとは本来、仕事で会う相手に対する敬意（リスペクト）を服装で表すものです。成功する人は、相手や場に合わせた服を着ています。

「今日は誰に会うのか」というスケジュールと、服装をリンクさせ、相手にとっての自分の立場を認識することが大切なのです。しかし、そうはいっても、どのスーツを着ればいいのか、そもそもどんなスーツを持っていればいいのか、それがわからないから困っているという人が多いのが事実でしょう。

さらにいえば、「ビジネススーツは相手に対するリスペクトを服装で表すものである」と言われてもピンとこない。たまたま買ってきたスーツを、着られなくなるまで着ているだけ、という人も多いでしょう。

ビジネススーツには、大きな力があります。あなたの第一印象を、スーツが決めているのです。いま着ているスーツで、損をしているのだとしたら、そんなにもったいないことはありません。

外見が変われば、周囲の認知が変わります。そして、自分を高めてくれるスーツを着ることで、あなたに自信が生まれ行動が変わります。それが服飾戦略です。

毎日着るものだからこそ、「出世する」「成功する」スーツを着ましょう。そのためには、センスも、ファッション雑誌も必要ありません。最低限のルールを知っていて、販売員とのコミュニケーションがとれれば、それだけでいいのです。

さらにつけ加えるなら、3年後に「どんな自分になりたいのか」という目指す姿を思い描き、そのときの自分にふさわしいスーツをひと足早く買って、実際に身にまとってしまいましょう。「部下が1人」のいまだから、「部下が10人」の未来の自分に相応しい服を着てみる、このような具合です。

目標達成した自分をイメージしてスーツを選ぶと、「夢を言語化し、潜在意識に働きかける」のと同様の効果が得られるのです。

ほんのちょっとの知識とノウハウだけで、あなたには必ずビジネスマンとして見違えるような変化が訪れます。さあ、いままで知っているようで知らなかったスーツの世界へ、最初の一歩を踏み入れてみましょう！

しぎはら ひろ子

目次

02

スーツを買う「目的」を販売員に伝えましょう

第2章

スーツの前にまず、シャツを買いに行きましょう

03 シャツは何枚持っていればいいのでしょうか？

04 3900円のシャツを買いに、スーツ量販店に行ってみましょう

05

百貨店でパターンオーダーのシャツをつくってみましょう

第3章 いよいよスーツを買いに行きましょう

06 ビジネスマンに必要なスーツは、これだけです

第4章
コーディネートを左右するネクタイ、靴……などの揃え方

11 ネクタイは自分で選ぶものです

第5章
ネクタイ不要なオフィスが増えている!? 失敗しないジャケパンスタイルの基本

14

ビジネスで相手に好感を持ってもらうジャケパンスタイル

※本書の表紙、および各ページにて掲載している商品に、「＊＊1」、「＊＊2」などの記号が添えられているものについては、巻末に問い合わせ先を掲載しています。

第1章

ビジネススーツは、センスではなくルールに従って買いましょう

01

店に行く前に知っておきたい、ビジネススーツ選びのポイント

ビジネススーツは、あなたの第一印象を決めます

世の中には、スーツを買うときに「なんとなく」「その時々の気分で」選んでしまっている男性が少なくないのではないでしょうか。

街中を歩けば、2プライスや、安売りが目玉のスーツ量販店などがいくつもあります。有名タレントをCMに起用して、値段の安さを強調したポスターも目にします。

日本人のビジネスマンを「ネズミ色の集団」と、多少の悪意を持って称することがありますが、それは「目立ちすぎないように」「突飛な印象を与えないように」という、

謙虚な気持ちの表れなのではないかと思います。その精神そのものは否定すべきものだとは思いません。

だからといって誰もかれもが「無難な」「なぜか仕事ができなさそうな」スーツで、同じに見えるというのも不自然です。

一方、一部の会社役員など要職にある人や、コンサルタント、セミナー講師、クリエイティブ系の方などは、意識して服装を選んでいる人も少なくありません。

それは、服装によって自分の第一印象をアピールし、「この人は、何か信頼できる」「さすが、この人にはオーラがある」と、初対面の相手に思ってもらうことの重要性を知っているからです。

ホストクラブで働く若い男性もそうです。彼らは、ホスト界における流行ファッションを必死で追いかけています。彼らのお客様は女性です。ファッションを見る目は、男性の数倍シビアです。何人もいるホストの中で、「あら、ステキ！」「かっこいい！」と（少なくとも店の中では）感じてもらわなければ指名が来ないのです。

ホストクラブという特殊な場で、初対面の女性に「かっこいい！」と感じさせるファッションを競い合ううちに、独自のヘアスタイル、シャツ、着こなしになっていったのです。もちろん、昼間、太陽のもとでオフィス街を歩けば、彼らの服装や髪型は奇異なものに映ります。しかし、彼らの仕事場はオフィス街ではありませんから、それでいいわけです。

このように、ごく一部の職種の人たちは、ファッション性や流行に敏感になり、ほかの誰も着ていない服を着て自分を際立たせることが、仕事に直結しています。

現実に、一般的な企業に勤めている人はそこまでの服は必要ありません。むしろ奇抜な服装は浮いてしまい、第一印象で相手からの信頼を失いかねません。

ビジネススーツの９割は「ルール」です

「おしゃれ」という言葉に、積極的に反応する男性と、ほとんど興味がない男性がいます。これは趣味の問題です。

本書で取り扱うのは、あくまでもビジネス用のスーツです。ビジネススーツで「おしゃれ」をしようと思うのなら、それ相応の覚悟がいります。

ビジネススーツに限っては、「おしゃれ」や「流行」を意識しないのが基本です。

それはなぜでしょうか。

ビジネススーツの装い方には、ベーシックな「ルール」(国際プロトコール)があるからです。「おしゃれ」をしたいのなら、その「ルール」に則ったうえでしなければなりません。

もしあなたが、先に挙げたような特別な職種ではなく、それでも「第一印象で、できる男に見えるスーツを着たい」と考えるならば、「おしゃれ」をしようとするのではなく、まずは基本の正しい装い方を学んでおくことが大切です。

ベーシックな「ルール」を逸脱しない、清潔できちんとした装いをしていれば、それだけで「仕事ができる人」「頼りになる人」に見えるのです。

ビジネススーツの「ルール」と「おしゃれ」「流行」は、ときとして相反します。

ビジネスシーンで着るのであれば、まずは「ルール」が優先。「ちょっとおしゃれして

ビジネススーツのルール

肩がフィットしている

自分の肩幅と同じか、肩がスーツよりわずかに狭く、スーツの肩が少し張り出すくらいだとバランスがいい。

ウエストにシワが入らない

腕を体の横に下ろしたときに、前から見てジャケットと腕の間にわずかに隙間が見えるくらいのシェイプに。

シャツの袖が1.5cmほど見える袖丈

ジャケットの袖丈は、必ず調整するものだと考える。ジャケットの袖から、シャツの袖が覗いている長さに。

パンツが靴に当たってもたつかない長さに

理想の長さは、前は足の甲がパンツに軽く触れ、後ろはパンツのプレスラインがまっすぐ落ちるように。

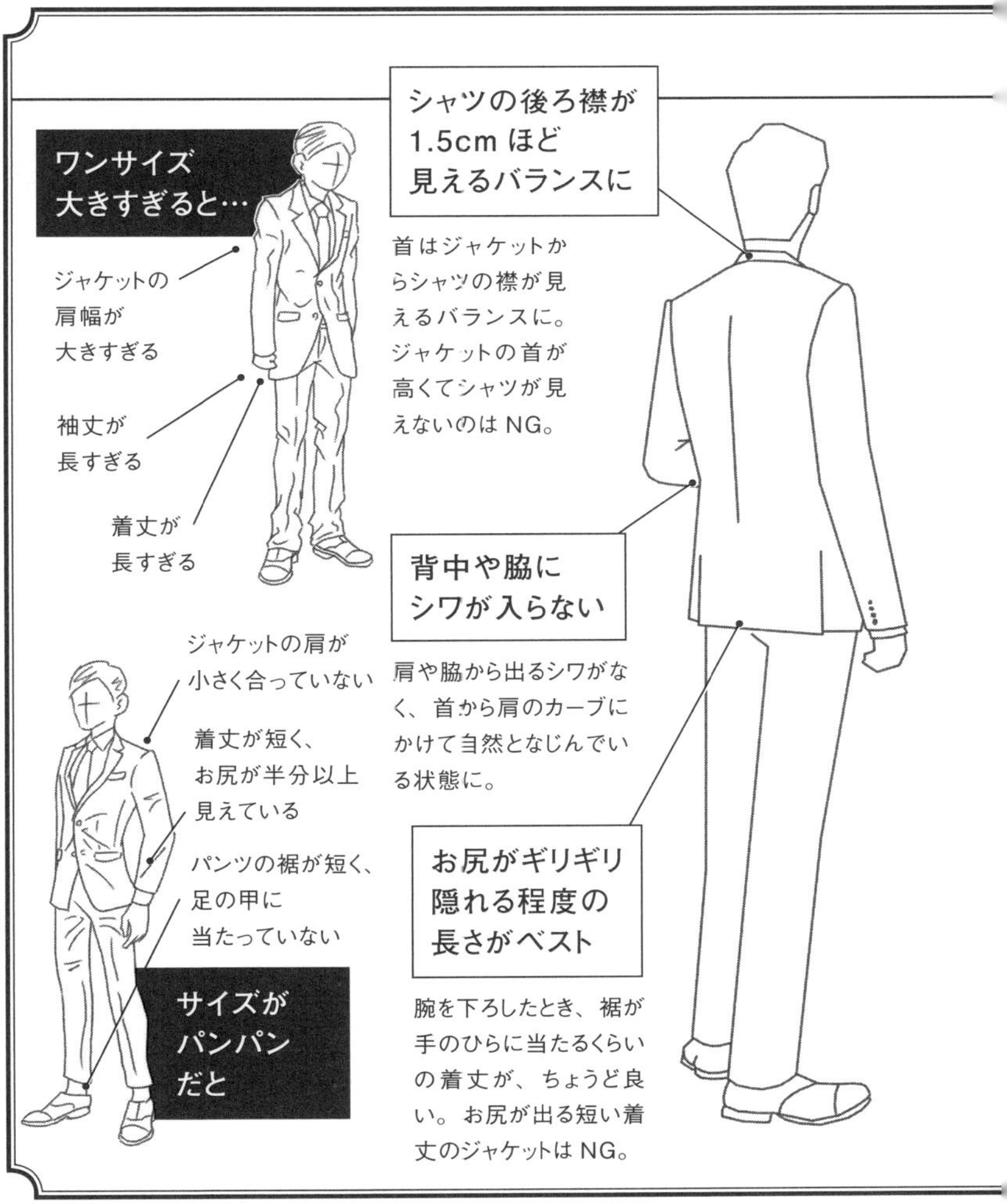
ワンサイズ大きすぎると…
ジャケットの肩幅が大きすぎる
袖丈が長すぎる
着丈が長すぎる
サイズがパンパンだと
ジャケットの肩が小さく合っていない
着丈が短く、お尻が半分以上見えている
パンツの裾が短く、足の甲に当たっていない
シャツの後ろ襟が1.5cmほど見えるバランスに
首はジャケットからシャツの襟が見えるバランスに。ジャケットの首が高くてシャツが見えないのはNG。
背中や脇にシワが入らない
肩や脇から出るシワがなく、首から肩のカーブにかけて自然となじんでいる状態に。
お尻がギリギリ隠れる程度の長さがベスト
腕を下ろしたとき、裾が手のひらに当たるくらいの着丈が、ちょうど良い。お尻が出る短い着丈のジャケットはNG。

みよう」という色気は、いったん捨ててください。

そう言うと、「いま流行のスタイルが、将来当たり前になるかもしれないのでは」と考える方もいるでしょう。「そもそも、そのルールは誰がつくったんだ？」と感じる方もいるかもしれません。

ビジネススーツのベーシックな「ルール」は、何百年という長い時間をかけて進化し、育まれてきた慣習や文化だと考えていただくとわかりやすいかもしれません。

スーツは世界中で着られています。ブリティッシュ、アメリカン、イタリアンなどの流れはありますが、長い時間をかけて育まれてきた「慣習＝ルール」があるということです。

「ルール」と「流行」は時間的なスパンが違います

わかりやすいたとえを挙げてみましょう。

和服を着る際に、襟は「右前」が「ルール」です。ときどき勘違いしている人がいるのですが、右の襟が上になるのではありません。「右前」とは「右を先に」という意味です。右から「先に（下に）」着て、次に左をその上にする。見た目は左襟が前（上）になっているのが正解です。

「誰が決めたのか」「いつからそうなのか」――理由や起源はあります。しかし理由よりも何よりも、「右前」が「ルール」であり「慣習」なのです。

逆の「左前（右が上）」は、死者に死に装束を着せるときの決まりです。「左前」に着ていれば「あの人、間違えている」と思われて恥ずかしい思いをすることになります。この本でお伝えする「ルール」とはそういうことです。

たとえばＧ７（先進国首脳会議）などで、各国の首脳が集まって集合写真を撮るときに、「ルール」に反したスーツを着る人はいません。何百年というスパンで出来上がった「ルール」「慣習」に従っているからです。

もちろん自国の民族衣装を着る人もいるでしょう。しかし、着物にしても、サリーにしても、アロハにしても、それぞれに「ルール」があるのです。

スーツを着る以上は、「ルール」に従っていないと、いくら日本国内でその時点で流行している服であっても、海外の人から見たら「へん」「不自然」と映ってしまうのです。つまりスーツの「ルール」とは、１００年単位でしか変わらない、「慣習」「文化」なのです。

一方、「流行」とは、せいぜい数年〜ワンシーズンで移り変わるものです。

１９８０〜90年代初頭、いわゆるバブル期には、異様に肩幅の広い、パッドが入ったぶかぶかのスーツが流行りました。女性が太い眉毛を描いて、ボディコンシャスのスーツを着ていた時代です。いま、当時の写真や映像を見ると、なんだか不自然で、恥ずかしい気がしませんか？　もしかしたらワードローブの中に、当時の名残のある派手なスーツが残っている方もいるかもしれませんね。

あれこそが、当時の「流行」です。しかし、それらが席巻したのはせいぜい5〜10年。あっという間に「恥ずかしい」服装になりました。

「トレンドファッション」はさらに短く、半年か1年が寿命です。

『私は自分で作った流行の服を殺すの。なぜなら、次に新しい服を売るために』

これは世界の一流ブランドとして名高い「CHANEL（シャネル）」の創始者ココ・シャネルの名言です。

つまり、「ルール」と「流行」は、時間のスパンや成り立ちが明らかに違うのです。「流行」「おしゃれ」を頭から否定するつもりはありません。しかし、ビジネスの場では、相手に「えっ？」「何それ？」と思われる可能性があります。

本来の「ルール」を学び、よく知ったうえで、あえて崩した着方をすることで、その人なりの「おしゃれ」なイメージを与えることもできるでしょう。しかし、「ルール」を知らない、そこまで関心もないというのであれば、ベーシックな「ルール」に則った服を着ることに徹するほうが、確実に「仕事ができる人」に見えます。つまり、「装いの型＝ルール」を知っていて「着崩す」ことと、知らないで「型なし」であることとは、全く意味が違うのです。

ビジネススーツの基本は、「相手へのリスペクト」を表現することです。仕事とは誰かと一緒にするものですよね。その際に、服装を通じて相手に敬意を表すのです。そ

れは単なる「自己表現」とは別のものだと考えてください。

「相手へのリスペクト」を基準にするのか、「自分のおしゃれ（＝自己表現）」を基準にするのか。つまり、ここが対人が基本のビジネスの場で着る「ビジネスウエア」と、個人が私的な場で着る「プライベートウエア」の根本的な違いです。

スーツの「うんちく」を覚える必要はありません

スーツの起源は、15〜16世紀のヨーロッパにおける農民服だといわれています。18〜19世紀にイギリスで、貴族が着る服装として進化しました……といった歴史やうんちくは、とくに覚える必要はありません。なぜなら、いまあなたに必要なのは、明日オフィスに着ていくビジネススーツだからです。

本や雑誌の中には、スーツの歴史を紐解き、「だから襟の形はこうでなきゃいけないんだ」「ボタンはかくあるべきだ」——と、「ルール」に従った「正統派」のスーツを買うように導くものもあります。

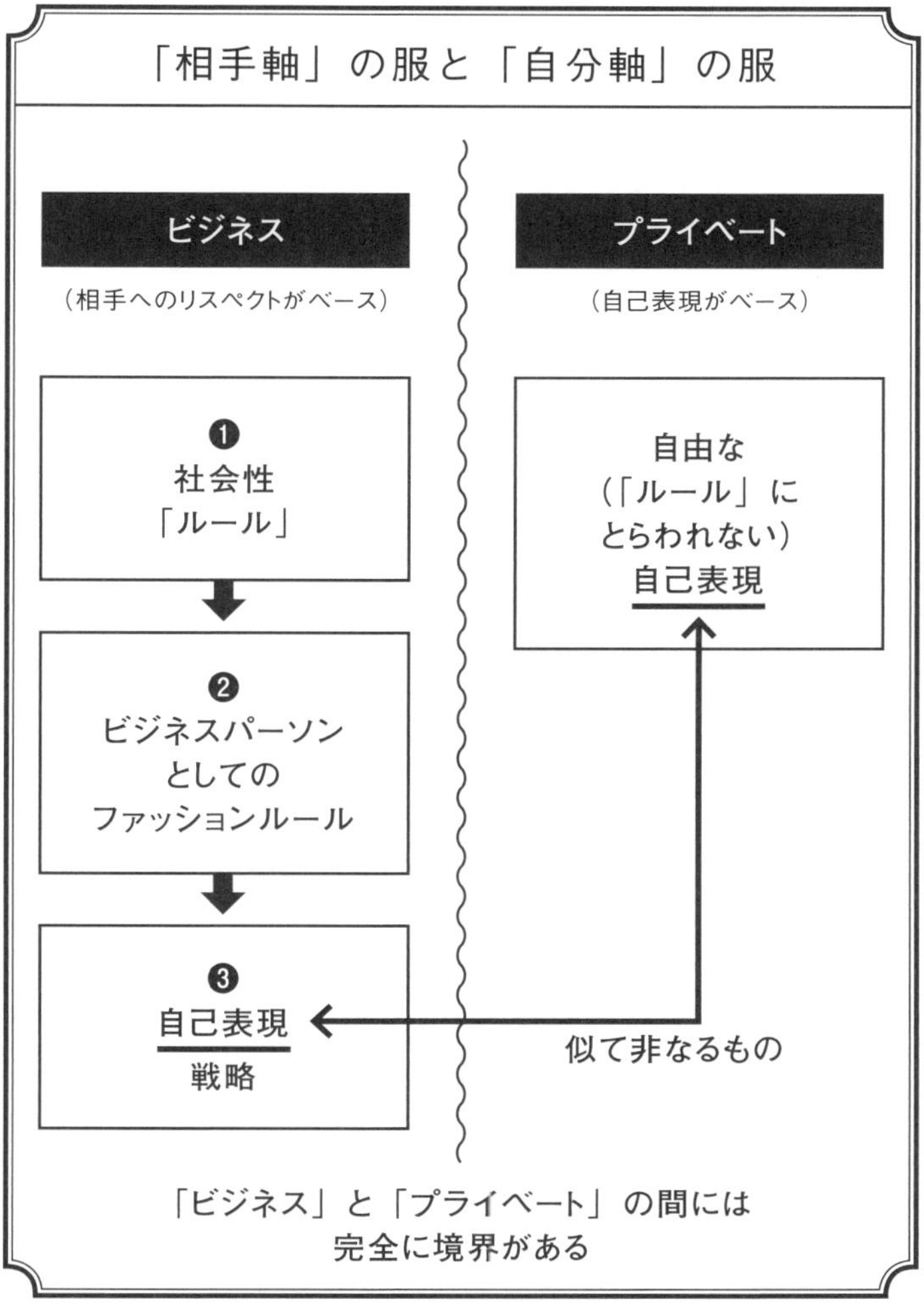
「相手軸」の服と「自分軸」の服
ビジネス
（相手へのリスペクトがベース）
❶
社会性
「ルール」
❷
ビジネスパーソン
としての
ファッションルール
❸
自己表現
戦略
プライベート
（自己表現がベース）
自由な
（「ルール」に
とらわれない）
自己表現
似て非なるもの
「ビジネス」と「プライベート」の間には
完全に境界がある

確かに、スーツには決まった「ルール」があります。そして、その「ルール」を逸脱したスーツ、シャツがたくさん売られているのが現状です。

それらの中から、「ルール」に則った服を選ぶためには、スーツの歴史や進化・変化の背景を知っていなければならないことになります。

でも、ほとんどの男性にとっては、「そのような細かいことはどうでもいいから、とにかく仕事ができそうに見えて、相手に失礼ではないスーツを選びたい」というのが本音ではないでしょうか？

ですから、ビジネススーツのうんちくやスーツの専門的な知識をあなたが覚えたり、学んだりする必要はありません。もちろん、興味があれば勉強するのは大いに結構なことですが、無理に学ぶ必要はないのです。

知らないことは、知っている人にまかせればいいのです。それは、スーツの売り場の販売員です。彼らはビジネススーツの売り場に立つ以上、レベルの差こそあれビジネスファッションのプロです。それなりの知識を持っているはずなのです。

あなた自身がうんちくを覚えるのではなく、販売員と上手にコミュニケーションをとって、彼らが持っている知識を、最大限に引き出せばいいのです。

スーツ、シャツを選ぶ際の4つのポイント

販売員とのコミュニケーションの方法を説明する前に、前提となるポイントをお伝えしておきます。まず、この4つのポイントをしっかり頭に入れてから、店に行ってください。

それぞれには、論理的な理由があります。しかし、理屈は後回し。後で少しずつお話ししていきますので、心配はいりません。

ポイント❶▼ビジネススーツの「ルール」を守ること

これは先ほどお話しした、スーツを着るすべての人に当てはまる、世界中で通用する、普遍的な「ルール」です。そのベーシックな「ルール」を外さないことを意識してください。

ポイント❷▼「流行」に惑わされないこと

スーツの「ルール」は、100年単位でしか変わりません。しかし、その間にどうしても、数年単位の「流行」が生まれるものです。

「流行」は、メーカーや販売店、メディアがつくるものです。店の販売員も、「流行」の在庫を抱えていますから、なんとか売りたいと思っているので、すすめてきます。でも、あなたは流行に惑わされるのではなく、あくまでもベーシックな「ルール」を追いかけるのです。

ポイント❸▼「似合う、似合わない」よりも「仕事ができそうに見える」を優先すること

そもそもあなたは、何のためにスーツ、シャツを買うのか、その目的に立ち返りましょう。ビジネスのオンタイムに着る服装は、「相手へのリスペクト」を表現するものです。

なかには、見るからに安いスーツをあえて着て、ボロボロになった靴を履いて、汗をかきながら「僕、こんなに必死です！」とアピールすることで、どのような相手の心でも開いて成功するベテランセールスマンがいるかもしれません。

しかし、それは誰にでもできる芸当ではありません。「ルール」をあえて破って、自分のキャラクターを演出しているのですから、ある意味では究極の「スタイル」だともいえます。

そのような裏ワザに走る前に、まずは「誰が見ても」「仕事ができそうに見える」第一印象を与えることを目指すべきです。

私は、ビジネススーツはあくまでも本人が選ぶものだと思っています。よくあるのは、奥さんと一緒に店に行って、奥さんに選んでもらったために失敗するパターン。

一般的に女性は、男性に比べるとはるかに「似合う、似合わない」のアンテナが敏感です。しかし、スーツの「ルール」は知りません。すると「奥さんが考える、あなたに似合うスーツ」を買うことになってしまうのです。

あなたがスーツ、シャツを選ぶ基準は、「似合う、似合わない」ではなく、「仕事ができそうに見えること」。ここを間違えてはいけません。

ポイント❹▼サイズが合っているものを着ること

実は、スーツ選びの最大のポイントはサイズです。いくら「ルール」に則っていても、あなたのキャラクターを際立たせるものであっても、サイズが合っていなければすべて台無し。

体にぴったりと合ったスーツは、それだけで「できる人」の印象を与えます。

一般的に男性は、知らず知らずのうちに、大きめのサイズを選ぶ傾向があります。背景には、子どものころから着てきた制服のサイズがあるのかもしれません。

成長期の子どものために、親が1サイズ大きい制服を選ぶ。その「ぶかぶか感」に体が慣れてしまっているのです。

上着を試着した際に、販売員は「サイズはいかがですか?」と必ず聞きます。実は、「ルール」に則った正しいスーツのサイズとは、ぴったりと体にフィットするサイズなのです。

しかし、多くの男性がぴったりと体にフィットするサイズを着用すると「動きにくい」「ちょっときつい」と感じてしまいます。そこで、「いままでと変わらない着ごこち」の1サイズ大きなものを選んでしまうのです。

サイズについては、後でゆっくりお伝えします。ここでは、「ジャストサイズが最重要」と覚えておいてください。

「ベーシック」と「無難」の違い

「ベーシックな服を選べば、無難ですよね？」

実はこの質問、多くの方から受けるものです。これからお伝えすることは、ビジネスシーンに関してのことだということを、先にお断りしておきます。

「ベーシック」な服装とは、「何も足さない、何も引かない基本の形であり、完成されたデザイン」のことです。そして背景には、「相手をリスペクトする」というビジネスファッションの目的に対応する、文化的な背景や慣習、つまり「ルール」があります。

一方、「無難」な服装とは、「欠点もない、とりたてて非難すべき点もない、さして優れた点もない」、つまり可もなく不可もない平凡な服のことです。「ベーシック」とは、没個性（＝無難）ではありません。美しく整って完成され、パーソナリティを際立たせるものなのです。ですから、同じ「紺のスーツに、白のワイシャツ、ワインレッドのネクタイ」を着たとしても、100人いれば100通りの着こなしになります。

かつて、某大手証券会社に勤める100人を前に講演会を行ったことがあります。見事なまでに全員が紺のスーツに無地の白シャツ、ネクタイ着用でした。

しかし、どの人が管理職で、どの人が主に外を回る営業の人なのか、私には一目でわかりました。明らかに装いに品格とクラスの違いが表れていたのです。これは決して「無難」ではありません。

たとえば「紺のスーツ」といっても、ものすごい数の種類があります。「ルール」の中で「ベーシック」な服を選び、シャツやネクタイを組み合わせることで、個性が生まれるのです。

ビジネスファッションに求められるものは、単なる「おしゃれ」ではありません。自己満足に完結した「おしゃれ」は、相手に不快感を与えることがあります。場合によっては、会社の看板以上に個人を前面に押し出してはいけない職業もあるでしょう。

そうではなく、自分の職業や立場を見た目で表すこと。すなわち「この人、仕事ができそう」「この人なら安心して仕事を頼めそう」と感じてもらうことこそが、ビジネスファッションには求められます。そのためには「ベーシック」にこだわるのが、結局、一番の近道なのです。

スーツのポケットは物を入れるところではありません

ジャケットの前身頃、ちょうど両手にあたるところに左右それぞれポケットがついています。ポケットにはフタがついていますが、これをフラップと呼びます。

本来フラップとは、屋外にいるときに雨やほこりがポケットに入らないようにつけられたものです。

したがって、屋外では外に出し、屋内では内側に入れておくのが本来の「ルール」でありマナーです。

就職面接の際など、面接官がチェックしていることもあると聞きます。忘れないでいただきたいポイントです。

よくあるのは、フラップがうっかり片方だけ出ていて、片方はしまってあるという中途半端な状態です。これは「だらしない」印象になり品格が下がります。

また、スーツを着るからには、ポケットの使い方にも気を配ってください。フラップのついたフラップポケット以外にも、ジャケットの胸ポケット、内ポケット、そしてズボンのポケットと、スーツにはいくつかのポケットがあります。

ポケットがあるとつい、物を入れたくなりますが、何か入っていることでスーツのシルエットが崩れてしまうので、基本的には物入れとして使うことはおすすめしません。

とはいえ、必要に応じて身につけておきたいものもあると思います。ここでは、スーツのポケットの使い方のルールを説明しておきます。

●ジャケットの胸ポケット

ポケットチーフを入れるための場所とされています。ペンを挿している人もいますが、硬いものが胸ポケットにあると胸回りの形が崩れます。

●ジャケットの腰ポケット

シルエットが崩れ、重みでポケットの入り口が伸びてしまうので、基本的には何も入れないでください。

スーツのジャケットの裏側には一般的なもので4つのポケットがあります。型崩れの原因となるため「スーツのポケットは基本的に物をしまわないもの」というのが基本ですが、やむを得ず物をしまう際はスーツの内ポケット

ジャケットの内ポケット

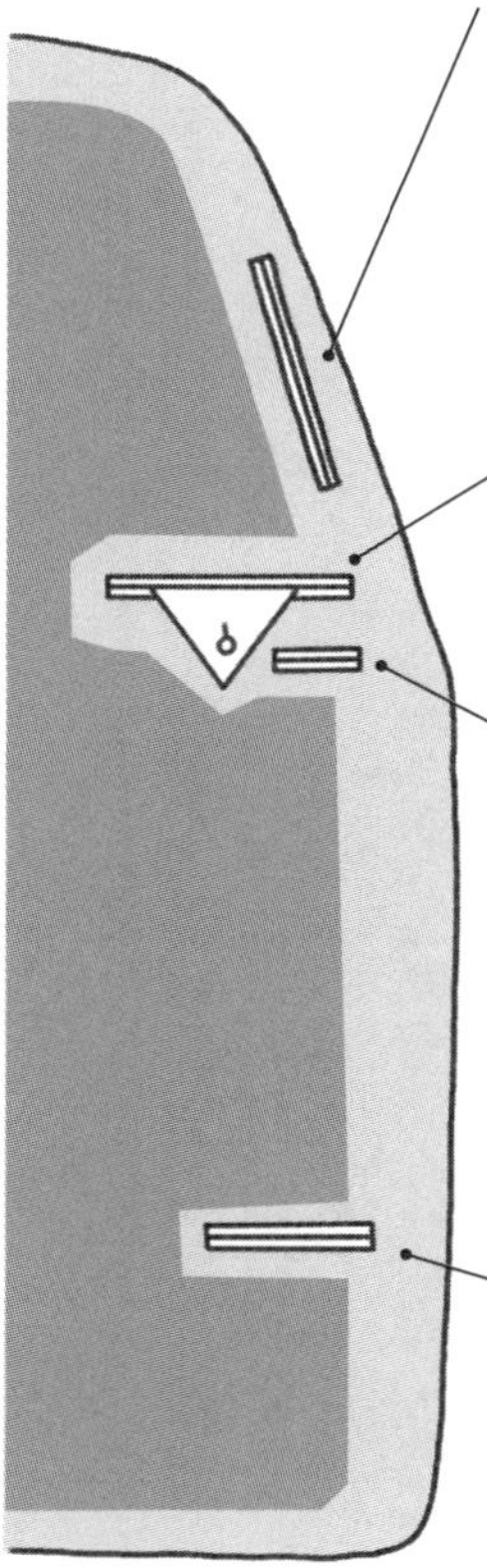

チケットポケット

左裏地側の見返しにつく。もともとチケットを入れるためにつけられていたポケット。

内ポケット

基本的には、スーツの裏地の左右につき、「内隠し」とも呼ばれる。名刺入れや小ぶりな手帳を収納する。

ペンポケット

ペンを挿すためにつけられたポケット。近年、ポケットの幅を広げて、携帯電話を入れるポケットとして利用している人もいる。

シガーポケット

もともとは、たばこを入れるためにつけられたポケット。「ウオッチポケット」と呼ばれ、懐中時計を入れるために利用することもある。

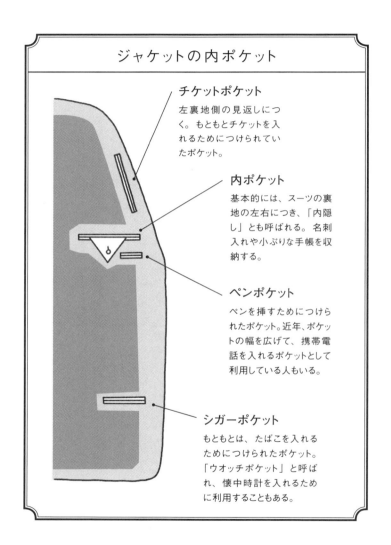

を活用します。この内ポケットにも、それぞれ用途に応じたポケットが存在します。

●パンツのポケット

基本的には何も入れないでください。どうしてもハンカチを入れたいというのであれば、脇ポケットよりは尻ポケットを使ってください。

02

スーツを買う「目的」を販売員に伝えましょう

服を買うことに、なぜハードルが高く感じられるのでしょうか？

とある著名なコンサルタントから、スタイリングを頼まれたときのことです。その方は40歳そこそこの若さでありながら、業界では広く実績を認められている、優秀なコンサルタントでした。

彼に、「まずは、原宿に行きましょう。BEAMSあたりからどうですか？」と提案したところ、彼はこう言いました。

「僕は原宿の服屋なんかに行きたくない。ああいうところには、なんかひげを生やしたおしゃれな店員がいて、ダサい服装の僕のことをバカにしているように感じるから、嫌だ」

世間ではいわゆる「成功者」と呼ばれる彼が、このようなことを言ったのでびっくりしましたが、同時に「ああ、これが世の中の多くの男性の感覚なんだなあ」と、納得もしました。

彼はそもそもファッションにこだわりはありませんでした。「なんとなく」気に入った服を買えればそれでいい。そして販売員からああだこうだと言われることに、劣等感を抱いていたのです。

さらに言えば、アパレルの販売員が「怖かった」のです。

それを知ると、ユニクロ、GUなどファストファッションの人気の一端が垣間見えます。それらの店では、基本的に販売員は、レジ以外では積極的にお客さんに話しかけません。

しかも、色、サイズは豊富ですから、販売員と会話をする必要がほとんどないので

す。それが、「気軽に買い物ができる」という評価につながるのでしょう。

ファストファッションのショップの店頭に立つ販売員は、必ずしもファッションの知識をあまり持ち合わせなくてもいいことになります。スーツの「ルール」など知らなくてもよい場合もあるし、必ずしもスタッフ全員が知っている必要はありません。お直し（裾上げなどの調整）ができる人が1人、2人いれば、あとの人はレジを担当したり、乱れた棚を整理し、欠品をバックヤードから補充する業務が仕事の中心となります。

とくに男性の場合、販売員との会話は苦手な人が多いのです。むしろ「話しかけないでくれ！」と思っています。

ユニクロ、GUなどのような、一般的に「店員に話しかけられなくてもすむ」店以外で服を買うときに、多くの男性にとっては販売員の存在が、高いハードルになっているのではないでしょうか？

販売員は、あなたにかっこよくなっていただきたいと願っています

あなたには、アパレルの販売員をしている知り合いはいますか？

実は、アパレルの販売員ほぼ全員が、服が好きで好きでたまらない、という人ばかりなのです。ファッションが好きで、この業界に入ってきています。

そういう販売員たちには共通点があります。それは、「こうしたお客さんを、いまよりもおしゃれにしたい」「かっこよくしたい」と思って仕事をしている、ということです。先ほどの、原宿に行きたがらなかったコンサルタントを思い出してください。彼は自分のファッションに自信がありません。だからこそ、「見下されているような気がする」わけです。

実は、彼のようなお客さんを相手にするときこそ、販売員はやる気が出るのです。「このイケてない人を、いかにかっこよくできるか」ということに燃えるわけです。決して「こいつ、ダッサイな」「適当でもわからないだろう」と思っているのではない

のです。彼らにとって、これほどに仕事のしがいのあるお客さんはいないでしょう。全身のコーディネートをすることは、販売員としての腕を磨くチャンスでもあるからです。

ビジネススーツの場合も同様です。販売員は、あなたがどうなりたいのか、どのような印象を与えるスーツを着たいのかを知りたがっています。そして、全力であなたの「なりたい自分」を演出できるように工夫をし、アイデアを出します。それが販売員の仕事であり、やりがいでもあるのです。

もちろんレベルの違いはありますが、スーツ売り場に立つ販売員は、スーツに関するさまざまな知識を持っています。「ルール」はもちろん、これまでの経験や、最新の素材の勉強などを通じて、「どのようなスーツを着ると、どのように見えるのか」を学んでいるのです。

スーツの専門家が売り場にいるのですから、とことん「使いこなす」べきなのです。

販売員の知識や経験を引き出しましょう

「その販売員とのコミュニケーションの方法がわかりにくいし、面倒だから困っているんだよ！」とおっしゃるかもしれませんね。

もしかしたら過去に、販売員との会話がうまく弾まず、なんだかだまされたような気分でスーツを買ってきたという経験をお持ちの方も多いのではないでしょうか。

私はこの話をするときに、よく、お寿司屋さんの例にたとえています。

スーパーでパックの寿司を買って帰って食べるのは、ファストファッションの店での買い物。

回転ずしで、自分で一皿ずつ選んで食べるのは、スーツ量販店でのイージーオーダーの買い物。

それなりの看板を掲げたカウンターのある高級店で、大将と話しながら、食べたい

ものを目の前で握ってもらうのが、百貨店や、紳士服を専門で仕立てるテーラーでの買い物。

もちろん、スーパーや回転ずしにもおいしいものはありますが、この中でいちばんおいしい寿司を食べられる可能性が高いのは、明らかに高級店ですよね。

そして一般的には、店員の知識という点でも、スーパー、回転ずし、高級店の順で、詳しいはずです。さらに重要なのは、高級店の場合、こちらの潜在的なニーズまでくみ取って最適なものを提供するという技術を持っています。

「白身の魚が好きなんです」

「マグロは、トロより赤身のほうが好みです」

「接待の会食の帰りなので、軽めに」

こうした、お客様の言葉から、「では、これでどうでしょう」と提案して握ってくれるのが、高級店と呼ばれるお寿司屋さんです。

まさにこれこそが、優秀なアパレル販売員が体得しているコミュニケーション術です。「このお客様はどのような仕事をしているのか」「これからどうなりたいのか」「すでにどのような服を持っているのか」――こうした情報を販売員が引き出し、ベストな提案をするのです。買う側は販売員の質問に答えるだけで、いつの間にか最適な服を選んでもらえるというわけです。

しかし、毎回必ず高級なお寿司屋さんに行くわけにもいきません。時には回転ずしにも行くでしょう。しかし、基本は同じです。

自分の情報を専門家に伝え、専門家に選んでもらう。それだけで、買い物の充実感はまったく異なります。繰り返しますが、あなた自身がスーツの「理論」や「うんちく」に詳しくなる必要はありません。「いま、どの魚が旬なのか」は知らなくてもいいのです。販売員が知っているのですから。

販売員の力を味方につけましょう

百貨店のスーツ売り場には、高級なお寿司屋さんの大将のような、「目利き」「プロ」の販売員がいます。

信頼できる販売員の5つの条件

❶ 尋ねたことに親切に答え、時間を惜しまずに親身な接客をしてくれる

顧客の来店目的を知り、誠実・親切な対応ができる。

❷ 購入目的、いま持っているスーツなど、顧客を知るための質問をしてくれる

どのような場で着用するのか？　いま手持ちのスーツは何か？　など顧客の持つ服のバランスを考慮しながら提案ができる。

❸ メリットだけでなくデメリットも言ってくれる

提案したスーツの特性や、「風合いは良いが耐久性がない」など、デメリットも一緒に紹介することができる。

❹ ジャストサイズやデザインを正確に測り、変更する場合に、全体のバランスへの影響を説明できる

採寸が丁寧で、細かい要望まで聞いてくれる。出された要望がシルエット全体にどう影響するか把握し、どこを直すとよいかを説明できる。

❺ 伝統的なスタイル・今日的なスタイルの歴史や、着用時のビジネスドレスコードの注意点の両方を語ることができる

スーツにもトレンドはあるが、ビジネスシーンでどこまで流行を取り入れても大丈夫なのかというビジネスドレスコードを知っている。

その場合、予算を伝えれば、あとは向こうから質問をしてくれます。あなたは質問に答え、わからないときには相談するだけで、あなたがほしいスーツ、シャツを提案してくれるはずです。

一方で、スーツ量販店や2プライスストアの販売員に、百貨店のベテラン店員並みの力量を求めるのは、やや無理があります。しかし、スーツを専門に扱っているわけですから、買う側の判断材料となる知識と経験は、間違いなく引き出すことができるのです。

実際に百貨店やスーツ量販店で購入するシミュレーションは、シャツは第2章、スーツは第3章で行います。

ここで理解していただきたいことは、

●販売員とコミュニケーションをとりながら服を買う
●ただし、販売員にもレベルの違いはある

ということです。それがわかっていて、それぞれに応じたコミュニケーションをとれば、販売員の力を借りてより満足度の高い買い物をすることができるわけです。

昨今、スーパーも回転ずしも、極端に味が落ちるような魚はまず出しません。それらの店でも、おいしい魚は食べられるのです。

同様に、ファストファッションはもとより、日本のスーツ量販店の商品レベルは、実はものすごく高いのです。いいものを安く提供するために、大変な努力をしています。つまり、スーツ量販店でも、十分にいいスーツを、リーズナブルに選ぶことができるということです。そのためには、多少（百貨店のベテラン店員よりも）知識や経験も乏しい販売員であっても、彼らの力をうまく引き出して使うことができれば、より良い買い物ができるのです。

販売員もお客様のニーズを知り、それにぴったり合ったスーツを売ることを喜びとしているのですから。

何も恐れることはありません。販売員も志を持ったひとりの人間です。お互いに満足できる買い方、売り方ができれば、みんながハッピーになれるのです。

セレクトショップで買い物をするのはありですか？

本書では紳士服の店を、まずざっくりと大きく量販店と百貨店に分けています。もちろんそれ以外でも、紳士服を買える店はあります。たとえばセレクトショップと呼ばれる店、具体的には、ユナイテッドアローズ、ＢＥＡＭＳなどです。

セレクトショップの特徴は、一貫した哲学コンセプトで、カジュアルからビジネスまで一通りのファッションを扱っているという点です。

たとえば、ＢＥＡＭＳの企業理念には、次の一文があります。

「我々ＢＥＡＭＳはモノを通して文化をつくる〝カルチャーショップ〟を目指しています。即ち、モノを手に入れた満足感の先にある、そのモノが生まれた背景や時代性といったことを含む情報を共有することで、物質的満足以上の価値を提供するということです。（中略）ものごとの価値観がますます多様化する今日、時代の流れを敏感に感じ取る嗅覚と、それに反応し対応できるフレキシビリティで、時代の要請に応えるべく様々な境界線を越えて自由なビジネススタイルを築いていきます（ウェブサイトより）」

常に最新のトレンドに対応しながらも、伝統的な文化、つまり本書でいうベーシックな「ルール」を大切にしている、ということです。

このようにセレクトショップは、各々の哲学に沿ったファッションを中心に扱っていますので、相性が合うならばおすすめです。また、紳士服についての販売員の知識は、百貨店並みと考えてもよいでしょう。

第2章

スーツの前にまず、シャツを買いに行きましょう

03

シャツは何枚持っていればいいのでしょうか？

まずシャツを選んでみましょう

第1章でもお伝えしましたが、スーツを買う際に販売員とのコミュニケーションを上手にとること、とても重要です。

でも、いきなりスーツを買いに行くのは、まだまだハードルが高いと感じる方も多いでしょう。スーツ1着で数万円ですから、慎重にもなります。

そこで、まずシャツを買いに行きましょう。

シャツを選ぶ際に、気をつけたいポイントがいくつかあります。シャツにも「ルール」があり、歴史があり、うんちくがあるのです。

身近なスーツ量販店や2プライスストアにも、十分にシャツが揃っています。しかも品質は、価格のわりに非常に優れています。

安くて高品質な買い物ができるのが、シャツの特徴です。

シャツを買う際は、スーツを選ぶのと同じように「どのようなシャツを探しているか」伝えながら販売員とコミュニケーションをとることが大切です。

シャツ売り場の棚には、たくさんのサイズや、デザインの製品がびっしりと並んでいます。その中から、あなたに必要なシャツを、販売員の力を借りながら選んでいくのです。

ワードローブにどのようなシャツが、何枚ずつあるのが理想でしょうか

ここで、シャツの理想のワードローブを提案します。といっても、職種やさまざま

な条件によって、必要なシャツは変わります。
ここでは典型的なモデルとして、

- 毎日、ネクタイをして会社に通う人
- 仕事中はずっとシャツを着ている人（制服などに着替えない人）
- シャツは毎週1回、まとめてクリーニングに出す人

を想定して、基本のシャツを予算と合わせて挙げてみましょう。

❶白無地（織柄中心に）　3900円前後×5枚
❷無地の淡いピンク、淡いブルー各1枚　3900円前後×2枚
❸クレリックでストライプのネイビー、淡いブルー各1枚
　3900円前後×2枚
❹パターンオーダーの白（勝負シャツ）　1万〜1万5000円×1枚

合計10枚、金額にして総額5万円くらいです。

もっとも、すぐにまとめて5万円分、シャツを買って揃える必要はありません。いま自分が持っているシャツを並べてみてください。何枚ありますか？

足りなければ、提案したこのワードローブの中から足りないものを買い足しましょう。使用感が強く、襟や袖が擦れてきそうなもの、何となくで買ってしまった「ルール」に外れたもの、ほとんど着ていないものを思い切って処分して、このワードローブに足りないものを少しずつ揃えていきましょう。

10枚あれば、1週間5日間で毎日1枚。週末にクリーニングに出し、次の週に残りの5枚を着て、クリーニングに出す、というローテーションで回すことができます（本来は、着たその日のうちに洗濯するか、次の日にクリーニングに出すのが望ましい）。もちろん、これはあくまでもベーシックなワードローブです。クリーニングに出さず、家で洗濯してアイロンをかけるのであれば、もう少しシャツの枚数は少なくても大丈夫でしょう。シャツを着ない勤務日がある方も、少なくなります。

基本的には、最大10枚のシャツを、これくらいのバランスで持っていると、どんなビジネスシーンにも対応できます。

次に価格に注目してください。10枚のうち9枚は「3900円前後」です。つまり、スーツ量販店・2プライスストアで買える価格です。品質も含めてこれで十分です。ただし、安いからこそ、つい「暴走」してしまいがちなのも、このクラスのシャツです。販売員にすすめられるままに「なんとなく」「流行の」ものを選んではいけません。そして1枚だけ、自分にとっての「勝負シャツ」を、1万円から1万5000円の予算で、百貨店のパターンオーダーで買ってみましょう。

シャツを選ぶ際に注意するポイント（襟、モデル、素材）

先に挙げたワードローブの内訳を、もう少し詳しくお伝えしましょう。
まず、襟の形です。

襟の種類

レギュラーカラー

襟の間の角度が標準的な開きとなっているもの（75度から90度くらい）。スーツのVゾーンとのバランスで、やや首元の立体感を出しにくい。かつてはビジネス用のシャツの主流だった（＊＊1）。

セミワイドスプレッドカラー

襟の間の角度がレギュラーカラーよりも広く、90度から120度くらいのもの。首の長さや太さなどによらずバランスがよく、スーツとの相性もよい。

ワイドスプレッドカラー

セミワイドカラーよりも襟の間の角度が広く、120度から180度近くまで開いている。首元の立体感を出しやすいが、相性が合うネクタイの結び方と、どうしても合わない結び方がある（＊＊2）。

ボタンダウンカラー

もともとはポロ競技で着用するウエアが元となった、襟先をボタンで留めるタイプ。ジャケット&パンツのような上下別のスタイリングに用いる。フォーマル度が高いビジネスの場にはふさわしくない（＊＊3）。

＊＊1〜＊＊3は巻末に商品情報を掲載しています。

シャツの襟にはいくつかの種類がありますが、おすすめする襟の形は、「セミワイドスプレッドカラー（セミワイド）」と呼ばれるものです。

セミワイドはベーシックで、ほとんどの人に似合います。

襟の形は、顔の形や首の長さと関係してきます。首が太めだったり、がっちりとした体型の人は、もう少し広がりのある「ワイドスプレッドカラー（ワイド）」がよいでしょう。

次に、身幅（胸囲）を基本としたモデルの違いがあります。（首ではなく）シルエット全体がシュッと細い「ぴったりサイズ（若い印象）」と、フワッと太い「ゆったりサイズ（オーソドックスな印象）」です。

シャツを買う際に「ぴったりサイズ」と「ゆったりサイズ」のどちらがいいのか聞かれた記憶などない、という方も多いのではないでしょうか。

実は、この2つのモデルの基準は、本来は胸囲で決まるのですが、メーカーごと、店ごとにその基準は異なります。さらに、その基準も毎年変わっています。

スーツ量販店の場合、販売員があなたの見た目から、シャツのサイズを判断していることが少なくありません。

でも、それが一概に悪いことだとは言えません。なぜなら、スーツ量販店の企業努力によって、シャツはどんどん体型を美しく見せる方向に進化しているからです。

これは私見ですが、街中や電車の中などで、いわゆる「ダボッとしたおじさん」を見かけることが少なくなったと感じます。昔はもっとたくさんいましたが、いまはどの方も「それなりに」スッキリとして見えます——その理由のひとつが、シャツのモデルの進化なのです。近年、体型を美しく見せるシャツが増えてきています。

自分に合ったモデルを選ぶ最善の方法は、試着です。着心地を確かめ、さらに販売員に聞いてみて選んでください。

「３９００円のシャツ１枚買うのに、試着までするの？」と躊躇《ちゅうちょ》する必要は一切ありません。試着は、アパレル業界において買う側の当然の権利です。しかも、何枚試着してもお金は必要ないのです。

面倒くさがらずに試着をしてみることで、自分の体型に合ったシャツを買うことが大切なのです。

また、素材の違いもあります。クリーニング店を使う人なら、とくに気にする必要はありませんが、自宅で洗濯する場合は形状記憶素材のほうがアイロンがけが楽です。「綿が何パーセント」「ポリエステルが何パーセント」といった規格にこだわる必要はありません。スーツ量販店であっても、売っているシャツの素材は、厳しい規格審査をクリアした良品なのです。

シャツを選ぶ際に注意するポイント（色、柄）

次は見た目に直結する、色、柄についてお伝えしましょう。

64ページに挙げたシャツのワードローブのうち、❶の「白無地」と❹の「パターンオーダーの白」は、無地（色柄やストライプのないもの）のシャツです。ただし、「織《おり》柄《がら》」が入ったものを選んでください。離れて見ると真っ白に見えますが、手に取ってみると生地に細かい織模様が入っているものです。ジャガード織とも呼ばれています。

織柄にもたくさんの種類がありますが、スーツ量販店のシャツ売り場で市販されて

ワイシャツの織柄の種類

ツイル

表面に斜めの畝が浮き出る織物の総称。斜めの畝があることで柔らかく光沢が出る。シワになりにくく、肌触りもよい。

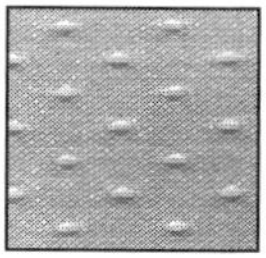

ドビー

ドビー織機という特殊な機械で織った変わり織りの1種で、織り糸で柄を出した光沢が出て高級感のある生地。

ジャガード

ジャガード織機で織った、織り糸で柄を出す、変わり織の1種で、さまざまな柄織生地がふくまれる。模様の複雑さ、大きさにかかわらず織柄がある。

オックスフォード

ブロードよりやや粗い織りで、カジュアル向きの生地。ビジネススタイルの中にも少しカジュアルさを残したい場合に。正装を求められ、服装に厳しい職場には不向きな場合もある。

コットンジャージ

メリヤス編みのニット生地を総称してジャージー素材という。コットンジャージは着心地が快適なことや生地がしなやかで肌触りがよく、シワになりにくい生地。

いるものであればＯＫです。

シャツの基本は白無地ですが、織柄で少しバリエーションを持たせると、印象が変わります。

❷の「無地の淡いピンク、淡いブルー」も、少し淡い色の織柄は高級感があります。

「今日はちょっと調子が悪いな」「やる気が出ないな」というときにピンクのシャツを着ると、顔に首下のピンクが映り、血色が良く見えて明るくエネルギッシュな印象になります。

一方、薄いブルーは、知的で冷静なイメージを与えます。

❸の「クレリック」とは、シャツのデザインのひとつで、襟とカフス部分が白無地で、それ以外の身頃が、異なったカラーや柄になっているものです。

クレリックは、やや「遊び」があるデザインでありながら、「ルール」に則った、イギリスの伝統的なデザインです。

社内での仕事が多い日や、ちょっと気分を変えたいときに着るとよいでしょう。身頃の色地の部分に、細いストライプが入ったものを選ぶと、スッキリとして知的なイメージになります。

色は、やはりネイビーと、淡いブルーを選びましょう。理由は❷と同じです。

クレリックシャツとは

襟やカフスを白無地にし、身頃が色無地や柄のあるシャツ。クレリックシャツと呼ばれるようになったルーツは諸説があり、「クレリック」とは僧侶、牧師（神父）などを意味する言葉で、牧師が着ていた白い立ち襟の僧服に似ているところから名付けられたという説もある。

つい暴走しがち。選んではいけないシャツのNGデザインとは？

日本では、とくにクールビズの推進と普及に伴って、シャツがどんどん「おしゃれ」になってきています。

そしてここ数年、夏でもないのに1年中スーツにノーネクタイ、という男性をよく見かけるようになりました。

ノーネクタイであっても、ファッションとしてさみしくならないようにと、襟やボタンホールにさまざまなデザインを加えたシャツが誕生していますが、ビジネスではNGとなるデザインもあります。

高温多湿な日本の、とくに夏場においては、ビジネスシーンであっても独特のスタイルがあってもいいではないか、という議論には、確かにうなずける面があります。

しかし、単に「クールビズ」イコール「本来のスーツのルールを無視したシャツでもいいだろう」という考えは、いただけません。

クールビズ対応の夏場のファッションについては、第5章でお伝えします。ここでは、つい選んでしまいがちな、NGシャツ（「ルール」に則っていない）についていくつか挙げてみます。

襟のデザイン

多くの人がご存じないことですが、実はボタンダウンシャツは、本来の「ルール」としてはかなりカジュアルな位置づけのデザインです。

シャツの襟元のデザインには、いくつか定番の種類があります。78ページの図を見てください。

明確に、「これはNG！」とは言いきれない面があるのですが、やはりいちばん安全なのは、プレーンなデザインです。

ちょうど喉ぼとけに当たる位置、首元のボタンが1つのものと2つのもの（ドゥエボットーニと呼びます）があります。ドゥエボットーニの「台襟」の幅が広い（「台襟」が高い）ものは、首が長めの人に似合います。

台襟の高さとドゥエボットーニ

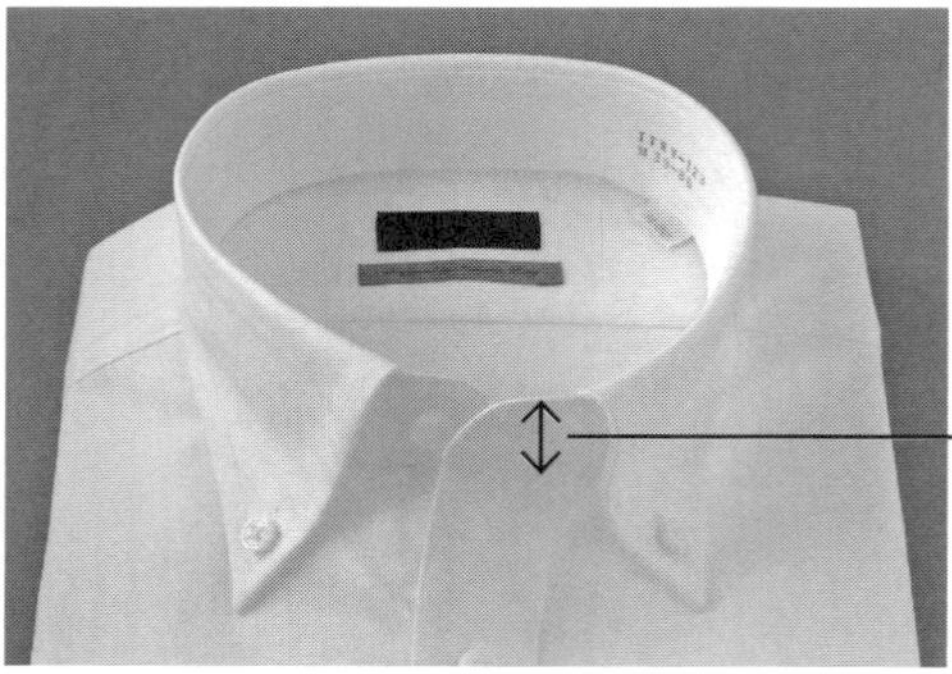

標準的な台襟の高さ

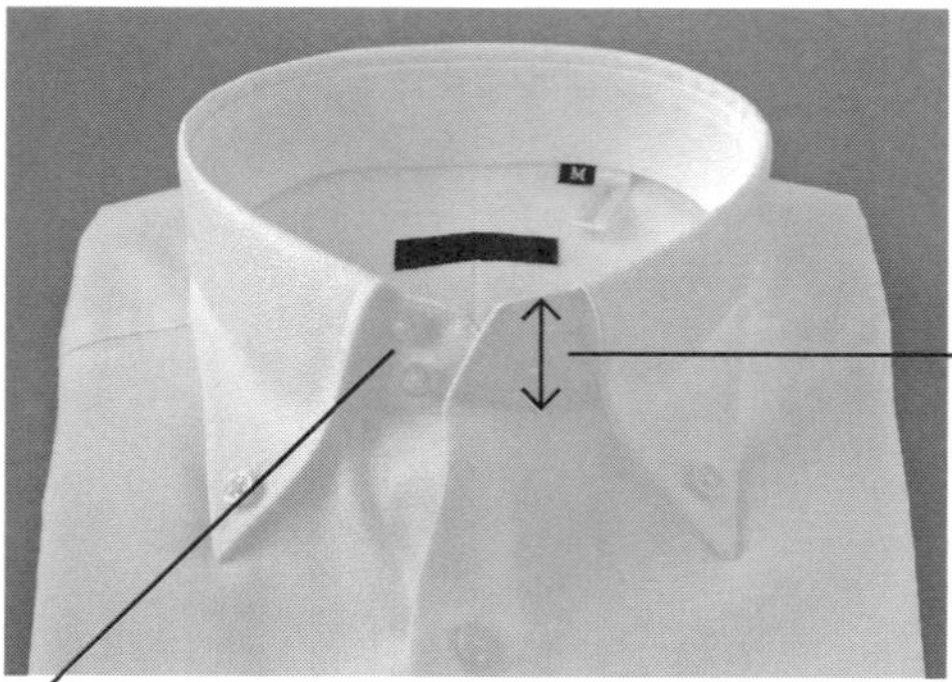

台襟が高いタイプ

ボタンとボタンホール

最近増えているのは、ボタン、およびボタンホールに色がついているシャツです。これは正統なスーツのルールの視点で見るとNGです。ボタンは白、ボタンホールの糸の色はシャツの地の色と同色が「ルール」です。

ボタンを縫い付ける糸の色も、地の色と同じが「ルール」です。したがって、白とピンクとブルーのシャツを持っているのなら、ボタン交換用の糸は3色を用意しておくことになります。

襟、袖の裏地

これも最近多いのですが、襟、袖の裏地に柄が入っているものです。「ネクタイをしない場合、あるいは袖をまくった場合に、チェックなどの柄がちらっと見えておしゃれ」という理屈でしょう。

これもフォーマル度の高いビジネスの場ではNGです。裏地は表と同じ、または同系色が「ルール」です。

ビジネスルールではNGとなるシャツ

襟にデザインが施されていたり、ボタンやボタンホールに色が使われている。

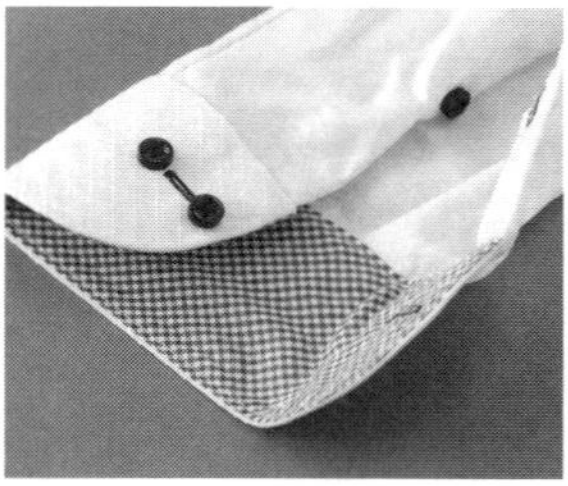

襟の内側や袖の内側にデザインが施されている。

濃すぎる色

ピンクとブルーのシャツをおすすめしていますが、あくまでも淡い色です。濃すぎると感じる色はNGです。

場合によっては、特別な職種の人に見えたり、軽薄な印象を相手に与えてしまいます。また、織柄風の「プリント」が全体に入っているシャツも増えています。これもNGです。

カフリンクス（カフスボタン）は必要でしょうか？

シャツの起源をさかのぼると、そもそもシャツは肌着として使われていました。やがて、上着であるジャケットを汚さないという利点もあり、スーツのジャケットの下にシャツを着るようになります。当時のシャツには、ボタンはついていませんでした。生地だけのシャツを着て、そのたびにボタンを用意して留めていたのです。

いわば、ボタンは機能的な装飾品のひとつだったわけです。

カフリンクス（カフスボタンとも呼びます）もまったく同じです。もともとは、袖口にはボタンがなく、カフスボタンで留めていたのです。

したがって、ボタンつきのシャツ（いまのシャツはほぼすべてボタンがあらかじめ縫いつけてあります）であっても、カフスボタンはベーシックな「ルール」に則っていることになります。ビジネスシーンでつけていると失礼ということはありませんし、もちろんつけていなくても大丈夫です。

もしカフリンクスをつけたいのであれば、あまりにも派手なもの、奇抜なデザインを避ければ大丈夫です。シンプルなカフリンクスが袖口から覗くと、高級感、重厚感が出ます。

またフォーマルなパーティなどでは、「特別な場にふさわしい装いをしてきました」という印象を与えることができます。

ただし、シャツを選ぶ際に、袖口のデザインが、カフリンクスがつけられるものかどうか確認しておいてください。カフリンクスがつけられるのは、

シャツの袖のデザイン

シャツの袖のデザイン

カフリンクスを使用できる袖は、袖口の両方にボタンホールがあり、取り付けられたボタンでもカフリンクスでも留められるコンバーチブルカフスや、カフリンクスの使用を前提としたフレンチカフス（ダブルカフス）がある。

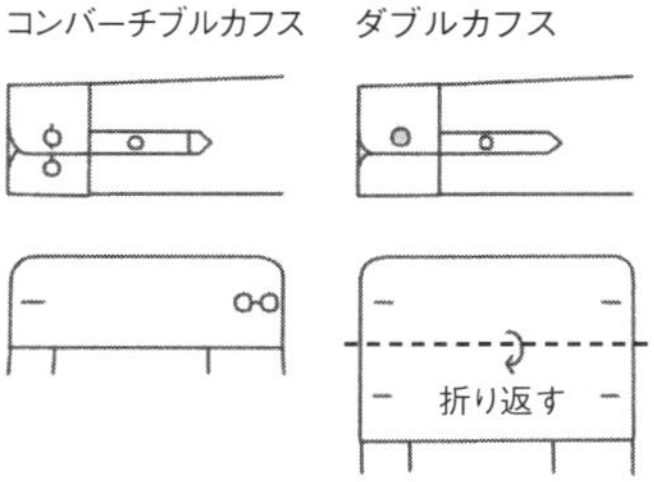

カフリンクスのつけ方

❶

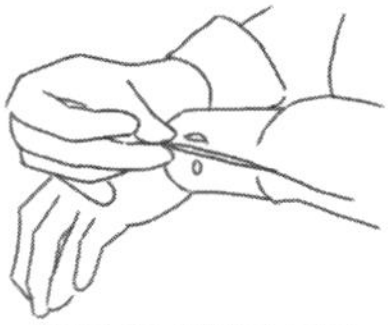

まず、袖口の両側にボタンホールがあり、カフリンクスを使用できる状態であることを確認する。

❷

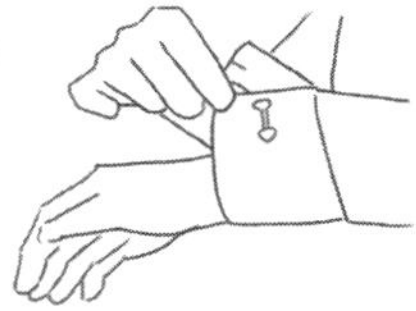

次に袖の端をまとめ、両側のボタンホールの位置が重なるようにする。

❸

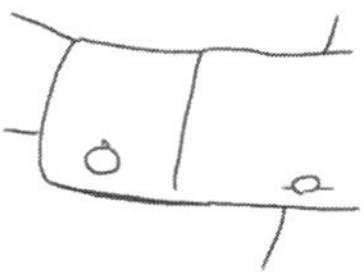

その状態を維持したまま、両側のボタンホールにカフリンクスを通していく。

❹

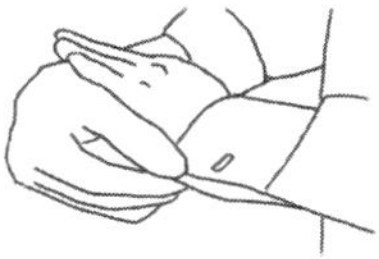

通した後、カフリンクスの留め具をつけて固定する。

「ダブルカフス」「コンバーチブルカフス」という袖口のデザインです。

ビジネス用には「コンバーチブルカフス」をおすすめします。このデザインは、カフスをつけない場合はボタンで留められ、なおかつつけたいときにはカフスボタンもつけられるものです。

普段はカフスボタンなしで、特別なときだけカフスボタンをつけるというのが、ビジネスシーンにおいては賢明な着こなしです。

04
3900円のシャツを買いに、スーツ量販店に行ってみましょう

店に行く前にしておくこと——ぜひ仕事帰りに！

さあ、それでは実際にスーツ量販店にシャツを買いに行ってみましょう。
出かける前に必ずしなければならないことは、

●自分は今日、どんなシャツを買いに行くのか

を明確にすることです。64ページの理想のワードローブ10枚と、現在手元にある

シャツを見比べて、今回買うのは「白無地」なのか、「淡いピンク」「淡いブルー」なのか、「クレリックの淡いブルーのストライプ」なのか、必ず決めてください。

なんとなく「そろそろもう1枚、シャツがほしいな」と思いついたときに、なんとなくスーツ量販店に入り、なんとなく採寸してもらい、なんとなくすすめられるままに買ってくる。これが現状なのではないでしょうか。

「どんなものがほしいのか」を明確にすると、買い物に失敗がありません。さらに、それを販売員に伝えることで、的確な商品を選んでもらうことができます。

ビジネススーツ、シャツは、衝動買いするものではありません。きちんと戦略を立てて、目的を持って買うのです。

予算は、3900～4900円が目安です。日本のスーツ量販店の商品は、非常に優れています。3900円前後のシャツでも、しっかりとつくられていますから安心できます。

もうひとつ、ぜひ実践していただきたいことがあります。それは、普段仕事で着ているスーツ、ネクタイ、靴、バッグのスタイルで買いに行くことです。仕事の帰りに買いに行くのが最適です。

服装はその人のパーソナリティを表現します。だからといって、特別におしゃれなスーツを着ていく必要はありません。普段着ているものでかまいません。

販売員に「なんとなく、このような感じのお客様だな」と感じてもらうことから、コミュニケーションは始まるのです。

販売員に、まず伝えるべきこと

さあ、スーツ量販店、あるいは2プライスの店に入っていきましょう。シャツの売り場を見ていれば、

「今日は何をお探しですか？」

と聞かれるかもしれません。あるいは、あなたから近くにいる販売員に、

「今日はシャツを買いに来ました」

と伝えましょう。

次に、どんなシャツがほしいのか、前もって考えてきた種類を伝えてください。

「セミワイドのカラーで、白無地です」

「セミワイドのカラーで、無地の淡いピンク（ブルー）です」

「セミワイドのカラーで、クレリックの淡いブルーのストライプです」

のどれかになるはずです。

通常、ここで採寸に入るのですが、その前にあなたの目的を伝えてください。要点は3つです。


「予算は3900〜4900円で」

「ビジネススーツのルールに則っていて」

「仕事ができそうに見えるシャツを探しています」


このように伝えていくことが重要です。販売員の頭の中に、具体的なイメージが即座にわいてくるはずです。

最初にこの3点を伝えることで、「どんなシャツを」「どんなシーンに着たいのか」が明確になります。これ以上の細部にわたる情報は必要ありません。

シャツを買うときに、このようなことを伝えたことがありますか？

あなたが「買いたい」と伝えているシャツは、きわめてオーソドックスで、「ルール」に則ったものです。万一在庫がないとしたら、それは店の品揃えに問題があるので、別の店に行ったほうがいいでしょう。

それくらい、あなたの主張は当然のものだということです。

たったこれだけで、あなたの買い物は、たとえ３９００円のシャツ１枚とはいえ、販売員の知恵を借りた賢い買い方になるのです。

販売員のヤル気のスイッチを入れるたったひとつの質問

販売員に、あなたがどのようなシャツを買いに来たかが伝わったら、さっそく採寸

してもらいましょう。

オーダーメイドでないかぎり、採寸は普通3カ所です。首回りと裄丈《ゆきたけ》、胸囲です。

裄丈とは、首のつけ根の中心から、手首のくるぶしまでの長さです。肩幅の半分プラス腕の長さということになります。

胸囲は胸板の厚さです。

体型の変化は必ずあるので、「自分のシャツのサイズはこう」と覚えるよりも、毎回採寸してもらうほうが安全です。

サイズがわかれば、販売員はさっそく、あなたの希望に沿うシャツを選んで持ってきてくれるでしょう。

採寸から販売員の提案までの流れは、みなさん経験したことがあると思います。でも、何か不安ではありませんか。

あなたは、ビジネススーツやシャツの「ルール」や、細かいデザインの違いについては、最低限の知識しか持ち合わせていません。

店内に山ほどあるシャツの中から、この販売員は本当にベストな提案をしてくれているのだろうか。あるいは、その選択を、たまたまそこにいた販売員にまかせていいものだろうか。

そこで、（嫌な表現ですが）販売員を試す、質問をぶつけてみましょう。

「セミワイドとホリゾンタルのカラーとでは、ネクタイの結び方は違いますか？」

これは、「私はきちんとした買い物がしたいのだ」という主張を、「スーツに詳しい人」を装ってさりげなく伝える、ややマニアックな質問です。

この質問に、すかさず自信を持って答えられる販売員は、信頼していいでしょう。仮に新人販売員で答えられない場合、上司を連れてきてくれるかもしれません。正解は、セミワイドカラーのシャツに合う結び方は「シングルノット」か、少し太く結んだ「セミウインザーノット」。ホリゾンタルカラーはノータイでも収まりがよい。また、太めのネクタイとの相性も良く、「ウインザーノット」か「セミウインザーノット」がおすすめの結び方です。

もちろん、間違った答えをする販売員もいるでしょう。ここでは正解、不正解が問題なのではありません。

この質問は、販売員を緊張させます。あなたを軽くあしらってはいけない客だと認識させる質問です。実はそこが重要なのです。

こうしてはじめて、販売員との真剣勝負のコミュニケーションがとれるのです。「いいものを買いたい」「いいものを着ていただきたい」という、共通認識ができるのです。

シャツの試着をしてみましょう

販売員との最低限のコミュニケーションが始まり、いよいよいくつかのセミワイドシャツを出してきてもらいます。

まず、74ページ以降のNGデザインに注意してください。NGなシャツをすすめられたら、はっきりと「ボタンホールに色がついていないものにしてください」と、自信を持って伝えましょう。

そして、2~3枚に絞り込んだら、次は試着です。

繰り返しになりますが、「3900円前後のシャツ1枚買うのに、試着までするのは図々しいのではないか」と心配をする必要は、一切ありません。洋服とは、そもそも必ず試着してから買うものです。

確かに、3900円のシャツを試着して買う人はあまりいないかもしれません。それは、「店に悪いのではないか」「販売員が嫌がるのではないか」と、自分で勝手にしり込みしているのにすぎません。

試着はアパレル業界では常識です。堂々とお願いしてください。

ただし、試着する側にも最低限のマナーは必要です。

●汗には注意。いったん汗を引かせてから試着しましょう

●下着を着ていきましょう（97ページ~参照）

●商品は丁寧に扱いましょう

この程度で十分です。あくまでも店頭の売り物ですから、大切に扱うのは当然のことです。

「きれいにたたんでパッキングされているのに、広げてもらっていいのか？」

これもまったく問題はありません。販売員はプロですから、いったん広げたシャツを元通りにたたむことなど、当たり前にやっていることです。

試着のポイントは、サイズと、シャツのモデル（「ぴったりサイズ」か「ゆったりサイズ」か）が合っているかの2点です。

サイズの確認は、（首回りと裄丈は合っているはずですから）胸回りです。アパレル用語でいう「身幅」が合っているかどうかなのです。

まっすぐ立った状態のまま、胸ポケットの下くらいの高さの両脇をつまんでみてください。左右とも5センチ以上つまめるようなら、大きすぎです。

胸回りのサイズチェック

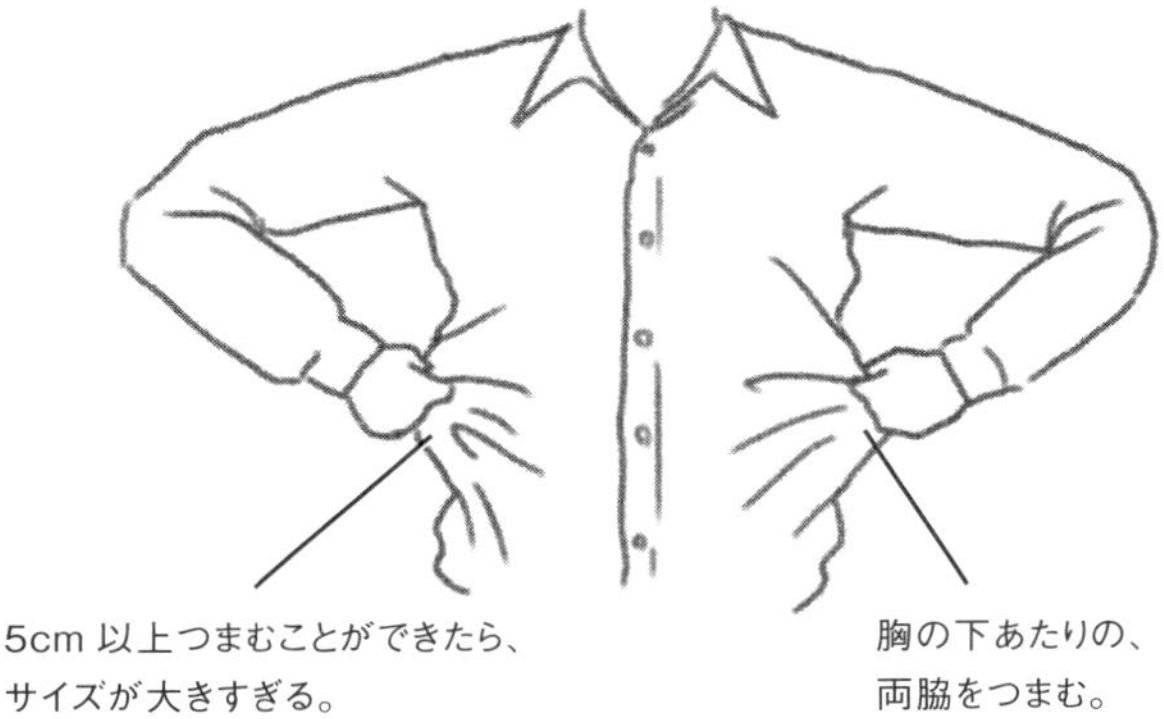
5cm 以上つまむことができたら、
サイズが大きすぎる。
胸の下あたりの、
両脇をつまむ。

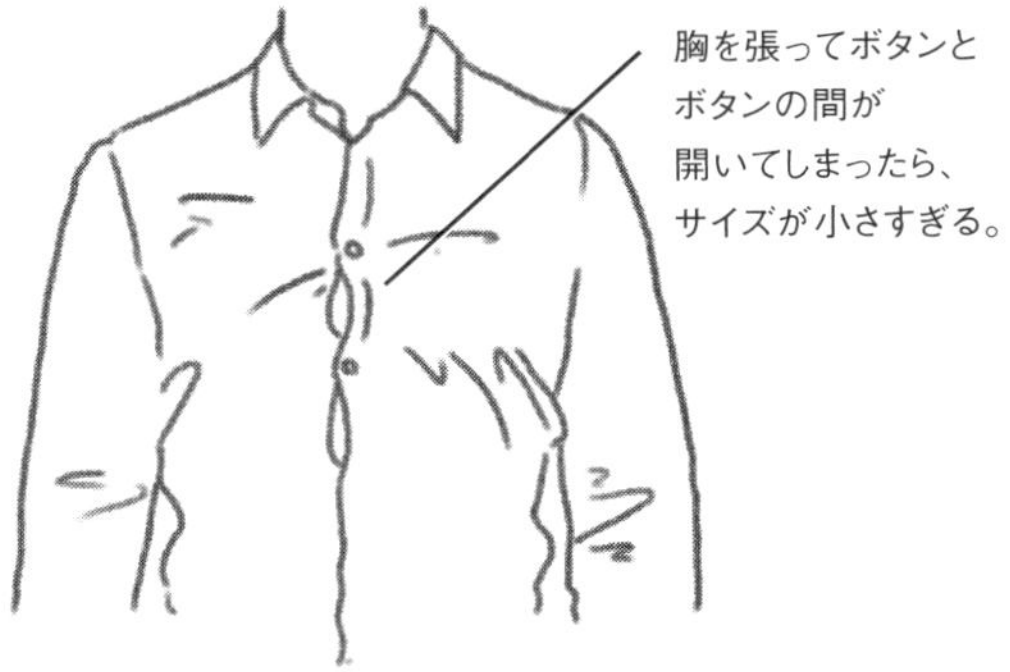
胸を張ってボタンと
ボタンの間が
開いてしまったら、
サイズが小さすぎる。

次に、まっすぐ立って胸を大きく張ってみます。そのときボタンとボタンの間が横に開いたら、小さすぎです。

さらにモデルの確認です。これは販売員に聞くのがよいでしょう。「僕の体型には、ぴったりサイズと、ゆったりサイズでは、どちらが合いますか？」体型によりますが、基本は、ぶかぶかではなく、ぴったりが「ルール」です。「ぶかぶか」でなく「ぴっちり」でもない、「ぴったり」のシャツを選んでください。

袖丈は面倒くさがらずにお直しを

首回りと裄丈を測ってもらえば、本来はワイシャツの袖丈はぴったり合うはずです。しかし、試着をしてみると、「ちょっと袖が長いな」と感じることもあるかもしれません。

また、首回りと裄丈の2つの数字の組み合わせの段階で、選べる品数が極端に少なくなってしまうこともあります。

たとえば、小柄で腕は短めなのに対して、首回りがしっかりとしている人の場合だと、首回りと裄丈のサイズがちょうどよいシャツの在庫がない、あるいはあっても1点、２点といったことが起こりえます。

これらは、袖丈をお直しで調整してもらうことで解決できます。袖を長くすることはできませんが、短く詰めてもらうことはできます。ただし、別途料金は発生しますが、料金は１０００円前後であることがほとんどです。

販売員に、「袖のお直しをお願いしたいのですが、おいくらですか？」と一声かけてみましょう。

すると、２つの数字の組み合わせの選べるシャツの範囲が広がります。首回りを合わせて、少し長い裄丈のものを選んで、袖丈を直すのです。

スーツ量販店の３９００円のシャツも、お直しができます。このことは案外多くの人が知りません。

ちょっと知っておくだけで、より満足度の高い買い物ができるでしょう。

販売員の名刺をもらっておきましょう

このように、販売員との会話は、試着をすることによってますます広がります。必ずあなたの要望と体型に合ったシャツを選んでくれるはずです。

それが、「販売員の力を最大限引き出して、いい買い物をする」ということです。

しかし、決して販売員を見下すのではありません。「なんだ、そのようなことも知らないの」という態度は、販売員にとっては屈辱です。販売員の「いい服を買っていただきたい。お客様の役に立ちたい」という、自分の仕事に真摯に向き合う純粋な想いを引き出すのです。

こうした一連のコミュニケーションができれば、まず間違いなく、理想のシャツを買うことができるはずです。

そして買い物の帰りには、

「あなたの名刺をいただけますか？」

と担当してくれた販売員に言ってみましょう。ほとんどの場合は、持っています。

なかには販売員に名刺を持たせないケースもありますが、サイズを記録するカード等が用意してあるはずです。

「名刺をください」というセリフは、「今日はいい買い物ができた。ありがとう。また来るよ」という意味です。実際に次回その販売員にお世話になるのかどうかは別として、とにかく名刺をもらいましょう。

あなたの感謝の気持ちが、必ず販売員に伝わるはずです。

シャツの下には何を着るのが正解でしょうか？

本来、シャツは下着です。そう考えると下には何も着ないのが正解ということになりますが、現実には汗の問題があります。

とくに夏場、シャツの背中に汗をかいてぴったり張り付いているというのは、見苦しいだけでなく、周囲の人々を不快にさせます。

シャツの下に着る下着は、「着ていることがわからない」ことが条件です。すると、ラインが透けて見えるランニングシャツがNGだということがわかります。百貨店やスーツ量販店、さらにはユニクロなどのファストファッションの店でも、シャツの下に着るインナー用の下着を売っていますので、それを着用してください。

首回りや袖口が「切りっぱなし」になっていて、ラインが透けない工夫がされているものがベストです。

色は肌色。どんな色のシャツを着ても、透けて見えないからです。袖丈は、半袖、または長袖（七分袖、九分袖）を選びます。ノースリーブは涼しいのですが、汗が脇にしみ出る場合もあるので避けてください。首回りのデザインは、襟が深いV字です。丸首や、普通のTシャツのようなU首だと、シャツのいちばん上のボタンを外したときに、インナーの下着がちらっと見えてしまいます。
あくまでも「着ていることがわからない」という前提で選んでください。

汗をかく時期に重宝する透けない下着（アンダーシャツ）

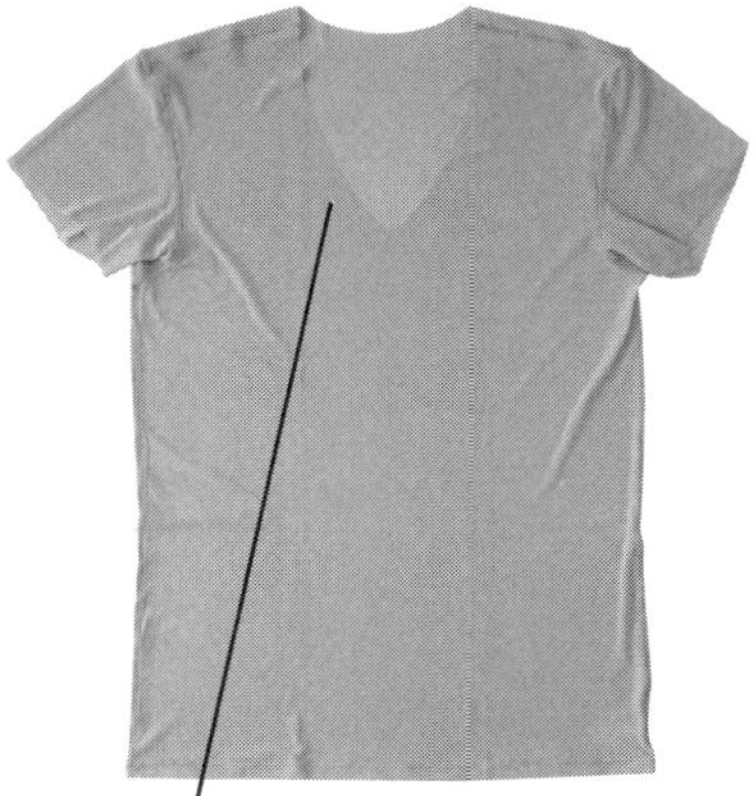

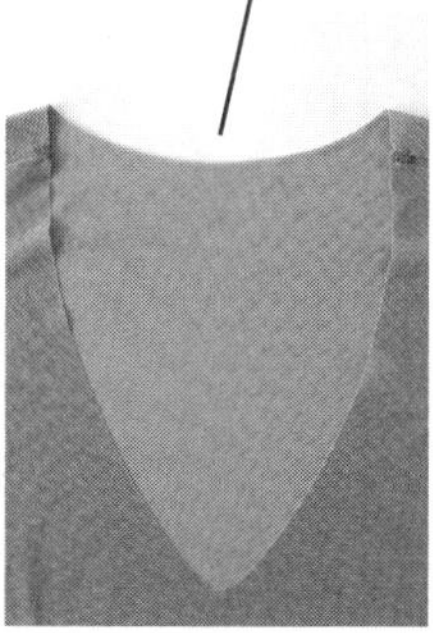

襟は深いV字で、できれば縫い目がないものがよい。色はベージュ系だとシャツの表に透けにくい。

05

百貨店でパターンオーダーのシャツをつくってみましょう

なぜオーダーのシャツを買ったほうがいいのでしょうか

ここまでで、自分に必要なシャツ、NGなシャツを知り、実際にスーツ量販店で買い物をしたあなたには、「それだけじゃダメなの?」「なぜわざわざ高いオーダーシャツを買う必要があるの?」という疑問がわくかもしれません。

確かに、再三お伝えしてきたように、日本のスーツ量販店の商品の品質は、非常に高いです。

それなのにあえて、百貨店のオーダーシャツを1枚だけおすすめするのは、やはり

「オーダーならではの、体にフィットする感覚を知ってもらいたい」からです。

より具体的に、オーダーシャツの良さを説明しましょう。

まず1点目は、自分の体にぴったりとフィットしたシャツが買えるということです。

ビジネス用のスーツやシャツにおいて、サイズは非常に重要です。

そもそもスーツもシャツも、その人の全身に合わせて、ぴったりと着るものです。

既製品のシャツでは、どうしても限界があります。全身のサイズが、あなたとまったく同じという人がいないということと同じです。

オーダーシャツは、既製品よりもさらに細かい部分までサイズを合わせることができるのです。

2点目は、生地やデザインを自由に決められるということです。あなたは、どのようなシャツが必要かを伝えれば良いのです。

すると、望みに合わせて、あなたの体型と要望にそって布地や型紙を選んでくれます。

本来のシャツには、胸ポケットはないのが基本の「ルール」です。しかし既製品のほとんどには、胸ポケットがついています。

オーダーの場合、「胸ポケットはつけますか?」と聞かれるはずです。「ルールに則っているのはどちらですか?」と聞けば、親切に教えてくれるでしょう。

販売員と会話をしながら、シャツをオーダーすることで、知らなかった知識が増え、豊かな買い物ができるわけです。これも、オーダーの魅力です。

3点目は、結果的に費用対効果が高いということです。

シャツの寿命は、洗濯の仕方や、着る頻度などさまざまな条件で変わります。一概に、「何年着たら買い替えましょう」とは言えません。

しかし、オーダーシャツのほうが、既製品と比べると、型崩れすることがなく長持ちする傾向があることは間違いありません。生地やボタンにも上質なものを使っています。また、縫製も既製品に比べて丁寧です。

誤解してほしくないのですが、既製品の生地や縫製も十分な品質ですからダメだというわけでは、決してありません。

ただ、オーダーすれば、値段もそれなりにするだけあって、既製品よりもさらに品質が高く、体にフィットした満足度の高いシャツが手に入るのです。

「勝負シャツ」を着るだけで、気分が高まります

さらに、1枚だけ特別なオーダーのシャツを持っていることで、自分のモチベーションを高めることができます。「よし、今日は特別だぞ！」「絶対に受注にこぎつけるぞ！」などと、気合が入るのではないでしょうか。

大切な商談、ここ一番のプレゼン、取引先の偉い人との面談――ビジネスシーンには、なにかしらの勝負時があるはずです。そのようなときにこそ、とっておきの1枚のシャツを着るのです。

ビジネススーツは、相手に対するリスペクトを表すのが基本ですが、同時に自らに

パワーを与え鼓舞することも可能なのです。

スタイリングを依頼してくださったお客様と買い物をし、「これだ！」という勝負服を選び、身にまとった瞬間に、お客様の顔つきが確実に変わります。写真を撮ると一目瞭然なのですが、自然と微笑み、胸を張り、腰に手を当てたりして、私がポーズを指定していないのにもかかわらず、自然とそうなるのです。

これも服の持つ大きな力のひとつです。服を替えた瞬間に自信が生まれ、やる気になる。そのような服に出合えたら幸せです。

もちろん、毎日オーダーシャツを着るわけにはいきません。だからこそ、「ここぞ！」というときの1枚があると、切り替えができます。

あなた自身の自信とパワーを引き出す。これも、私がオーダーシャツを1枚だけ買うことをおすすめする理由です。

オーダーメイドには種類があります

さて、オーダーメイドと一口に言っても、いくつかの種類があり、工程も価格も異なります。ここで、簡単に説明しておきましょう。シャツもスーツもほぼ同様と考えてください。なお、名称はメーカーや店舗によって異なる場合があります。

フルオーダー

16世紀後半、イギリスで誕生したスーツメイドの手法であり、現在に継承されているスーツづくりの原点で、体型に合わせた服を、いわばゼロからつくります。ポイントは、「型紙」からオリジナルでつくり、仮縫いで調整を行う2点です。また基本的に「型紙づくり」も、裁断・縫製も手作業です。

間違いなく世界で1着だけの服ができますが、それなりに時間もかかりますし、価

格も当然高くなります。

シャツを1枚フルオーダーした場合、だいたい3〜4週間、2万円以上かかりますが、フルオーダー自体あまり一般的ではありません。スーツの場合は、1〜3カ月、20万円以上です。

イージーオーダー

メーカーの工場には、すでに用意された何百種類、何千種類という「型紙」があります。採寸をし、その人にいちばん合う「型紙」を選び、裄丈や首回りのサイズなどの細かい部分を調整して仕上げる方式です。補正は工場で対応可能な範囲内に限られます。また、裁断・縫製は機械で行います。シャツは次に説明するパターンオーダーが多く、イージーオーダーは一般的ではありません。

スーツのイージーオーダーの納期の目安は3〜4週間くらい、1着5万〜20万円が中心価格です。

パターンオーダー

「型紙」は既製品に使っているものと同じです。体型補正まではしませんので、すでにある「ゲージ服」を試着し、そこから自分の体に合うように修正していきます。袖丈や着丈の長さは、好みに合わせて調整が可能です。

納期の目安は3週間くらい。シャツ1枚7000～1万2000円くらいでつくることができます。スーツは2～3週間、3万～5万円が中心価格です。

イージーオーダー、パターンオーダーも、生地を選ぶことができます。ただしフルオーダーほどの選択肢がない場合がほとんどです。

この本でおすすめするのは、パターンオーダーの白無地のシャツです。注文方法が比較的簡単で、価格もそこまで高くないため、はじめてのオーダーメイドに適しているからです。

では早速、パターンオーダーのシャツを買いに行ってみましょう。

まず百貨店の〝インフォメーション〟に行きましょう

　ファッションにあまり関心のない男性が、あらためて百貨店に行くと、戸惑うことも多いのではないでしょうか。

「紳士服売り場」にはたどり着けるものの、フロアのどこに何があるのか、自分はまずどこへ行けばいいのかがわからないということが、ほとんどだと思います。

　なぜなら、売り場の案内図には、どのような目的の服がどの辺にあるか、それぞれのブランド名などで表記されています。たとえば「ビジネスウエア（ダーバン・エミネント・エドワーズ）」。

　また、「メンズ雑貨」「キャラクター」など、店によって売り場の構成はそれぞれです。たとえば日本のメンズファッションを代表する店舗の1つ、伊勢丹新宿店の場合、「メンズ館」が独立しています。地下1階から8階（屋上もあります）まで、全部がメンズファッションの売り場です。

売り場案内を見ても、ほぼカタカナばかりで、どこに何があるのか、なじみが薄い人には、とてもわかりにくいのではないでしょうか。

百貨店の売り場構成には大まかな決まりがあり、用途と、ブランドの特性ごとにグループ分けされています。スーツを買う際には、最小限の知識があったほうがいいかもしれません。

しかし、シャツのパターンオーダーをするいまの段階で、そこまで詳しくなる必要はありません。目的ははっきりしているのですから、行き先は1カ所しかないのです。百貨店の入り口付近にある、インフォメーション（総合案内所）を訪ねてください。

「パターンオーダーのシャツは、どこに行けば買えますか？」

案内員が、売り場の図を示しながら、「何階の、このコーナーです」と教えてくれます。自分で探し回るよりも、総合案内所で聞くほうが、早くて正確です。

ただし、一点だけ気をつけてください。店によっては、フルオーダーとパターン

オーダーでは売り場がまったく違う場合があるのです。
「パターンオーダーのシャツ」がキーワードです。ここは間違えないでください。

販売員には、名刺を渡すかのように自己紹介をしましょう

いよいよパターンオーダーシャツの売り場に着きました。担当者は、シャツの専門的な知識を持っているはずです。いよいよ、シャツを買う本格的なデビューです。
最初に、何を必要としているかを具体的に伝えることが大切です。これは、スーツ量販店の頁で伝えたのと同じ内容です。

「予算は1万5000円くらいで」
「ビジネススーツのルールに則っていて」
「仕事ができそうに見えるシャツをパターンオーダーしたいです」

この3点は必ず伝えてください。

また、日ごろ着ているスーツ、ネクタイ、靴、バッグで買いに行くことも、スーツ量販店のときと変わりません。

すると、百貨店の販売員は、あなたにいくつかの質問をします。それが、販売員が知りたい情報です。

質問（Q）「色や生地のご希望はありますか？」
答え（A）「白無地で、織柄の入ったものをお願いします」

ここまでは想定内ですね。続く質問をいくつか想定してみましょう。

「どんなシーンで着ますか」
「どのようなお仕事をなさっていますか？」
「どのようなスーツをお持ちですか？」
「これまでにシャツを着ていて、気になることはありますか」

これらの質問で、販売員は何を知りたがっているのでしょうか？　それは、「いつ、

どこで、誰と、何をするときに着るのか」です。いわば5W1Hですね。

百貨店で、オーダーメイドをするのであれば、服を購入するための自己開示は絶対に必要です。なぜなら、販売員は得られた情報をもとに、あなたのパーソナリティに合った服を提案しようと、考えるからです。

いちばんスムーズなのは、あなたの名刺を渡すことです。どのような業界の会社に勤めていて、どんな職種で、どんな職制なのか。通常のビジネスシーンと同様に「私はこういう者です」と、名刺を通じて自己紹介するわけです。

もっとも、ビジネスの相手ではない販売員に、会社の名刺を渡すことに抵抗がある方もいるでしょう。その場合、「まるで名刺を渡すかのように」、ビジネス上の自己紹介をすればよいのです。

より良い買い物をするために自分を知ってもらおうとすることによって、販売員に最適な服を選ぶための情報が伝わるだけではなく、相互信頼が生じるのです。

あなたというビジネスパーソンを説明することで、販売員に「目の前のお客様のために最善を尽くさねばというスイッチ」が入るのです。

採寸の気合が入る魔法の一言

さて、あなたのパーソナリティが伝わると、まずは採寸です。その際に、次のひと言を伝えると、販売員に気合が入ります。

「着心地のいいシャツがほしいんです」

この言葉から販売員は、洋服におけるいちばん重要なポイントである「素材」と「サイズ」を重視している人なんだな、と感じ取ります。良い着心地は、採寸次第です。

「このお客様の採寸は、丁寧にしないといけないぞ」という気持ちにさせるのです。

採寸が終わると、細部のオーダーです。販売員がサンプルを見せながら、「これとこれの、どちらがよろしいですか?」とあなたの希望を確認してきます。

生地は、「白の無地で織柄が入ったもの」でしたね。さまざまな生地を見せてくれま

すから、あとはあなたの好みと、販売員のおすすめを参考にするとよいでしょう。

襟の形も、サンプルを見せてくれます。基本はセミワイドです。もし余裕があれば、「セミワイドでいいと思いますが、ほかにもっと私に合うものがありますか?」と聞いてみてもいいでしょう。

パターンオーダーなら、襟のデザインは「スナップダウン」をおすすめします。「ルール」に則っていて、ボタンダウンほどカジュアルではなく、なおかつ3900円のシャツにはなかなかないデザインだからです。

そのほかのオーダー部分は、カフスの形、ボタンホール、ボタン、イニシャル、胸ポケットの有無などです。

ボタンホールはシャツの色と同色、ボタンは白にしてください。せっかくですから予算が許せば、ボタンは貝のものにしましょう。最高級とされる白蝶貝のものでも、ひとつ300円程度です。10個買っても3000円です。

もしデザイン選びに迷ったら、「ビジネスのルールに則っているのはどれですか?」と聞いてください。くれぐれも、ここで「おしゃれ」に走ることのないように。

すべてのオーダーが終わったら、店にもよりますが、だいたい2～3週間くらいで出来上がります。

パターンオーダーのシャツの着心地はいかがでしょうか？　体にしっくりくるサイズと心地よい肌触りを確かめてみてください。

おそらく「なるほど」と、既製品との違いが肌で感じられると思います。同時に「既製品にもいろいろな利点がある」こともわかるのではないでしょうか。

これであなたのワードローブには、ビジネスファッションのルールに則した「仕事ができる人に見える」シャツが仲間入りをした事になります。

第3章

いよいよスーツを買いに行きましょう

06

ビジネスマンに必要なスーツは、これだけです

スーツにかけるお金は、年収の3％で3着

さて、本章ではスーツを買いに行きましょう。

その前に、あなたのワードローブを確認してみてください。スーツを何着持っていますか？　それぞれのスーツの色は？　いつごろ買ったものですか？

スーツはシャツと違って、いちばん外側に着るものですから、あなたの第一印象を左右する重要な要素である、と言っても過言ではありません。

なぜなら、ビジネスシーンにおいては「なんとなく、この人仕事ができそう」と見

えるのか、「なんか野暮ったくて仕事ができなさそう」と見えるのか、「なんだか派手で、信用できなさそう」と見えるのか、それらの印象をスーツが決めてしまうことが少なくないのです。

では、どんなスーツを、何着持っていれば、あらゆるビジネスシーンに対応して、あなたを「仕事ができそう」に見せてくれるのでしょうか。

スーツの価格や品質はピンキリです。スーツ量販店の既製品スーツのように、企業努力で費用対効果の高い、良品なスーツはたくさんあります。必ずしも価格と比例しないという一面もあるのですが、やはりわかりやすい目安は価格になります。

目安として、日常に着るスーツにかけるお金は「年収の3％で3着」とお伝えしています。これは、標準的なビジネスマンの場合です。年収が８００万円であれば24万円、５００万円であれば15万円です。

本書では、年収５００万円の方を想定して、トータル15万円で3着のスーツを提案します。

もっとも、セミナー講師やコンサルタントなど、見た目の第一印象が重要な職種の方の場合、さらなる信頼を得るためにお金をかけたほうが、年収増に直結します。

紺色だけで3着のスーツを揃えましょう

まず、私が提案する15万円で揃えるべき3着のスーツの内訳を紹介しましょう。スーツの基本として3着。フォーマルやクールビズなど、特別な場面を除けば、毎日スーツを着る人であっても3着あれば着まわすことができます。

そして、色は紺。紺だけで3着です。

多くの本や雑誌、インターネットなどを見ると、「紺とグレー」の組み合わせを提案しているものが非常に多いのですが、私は、あえて紺だけで3着用意することをおすすめします。

その理由はいくつかあります。

●グレーは意外と着こなしにくい

明るめのライトグレーから、黒に近いチャコールグレーまで、グレーは本当に色数が多いのです。ですが、スーツに使われる一般的な、やや暗めのグレーは「ちょっと疲れた」感じを与えてしまいがちな色です。素材によほど高級感がないと、着こなすのが難しいのです。

素材の良し悪しが生地の印象に直結しやすいこともあり、日々のスーツとしてグレーを選ぶのは、やや「危険」が伴います。

●紺といっても非常に種類が多い

一口に紺（ネイビー）といっても、非常にたくさんの種類があります。生地の色だけでなく、織り方や素材の違いによって、印象がかなり異なるのです。

さらにそこに、ストライプを加えると、ネイビーの種類は無限。印象もそれぞれまったく異なります。同じダークネイビーでも、素材の織り方、糸の混率で違う表情の紺を選ぶことで、毎日着まわしていても、「あの人、いつも紺のスーツだよね」と思

われることはまずありません。

●一色にすることでコーディネートに統一感ができる

実はこれが重要です。スーツを着用する際には、シャツ、ネクタイ、靴、さらにはカフスやタイピンといった小物も使います。

第2章で揃え方をお伝えした10枚のシャツは、すべて紺にもグレーにも合います。いちばん大きな問題は、ネクタイの色合わせです。

グレーと紺の2色を着まわすとなると、ネクタイはそれぞれに応じたものを毎朝選ばなければなりません。その点、紺で統一しておくと、ある程度のバリエーションのネクタイを用意しておけば、どのスーツにも使うことができます。

出かける前にワードローブの洋服を並べて、今日のコーディネイトを考える——女性にとっては当たり前のことですが、男性でここまでやる人は決して多くありません。その点、スーツを紺で統一しておけば、あまり考えずにネクタイを選んでも、おかしなコーディネートにはならないのです。

ビジネス用の実用的なスーツの着まわしとしては、現実的であり、なおかつ理想的なのではないでしょうか。

これが、私が紺だけでスーツを選ぶことをおすすめする理由です。

予算内でのスーツの選び方

それでは、年収５００万円として、15万円の予算で3着の紺色のスーツを選ぶ方法を紹介しましょう。

単純に「5万円のスーツを3着選ぶ」と考える人が多いかもしれません。スーツ量販店で1着5万円の予算であれば、かなり高級な買い物ができるはずです。

しかし、ビジネススーツで大切なことは勝負スーツを用意しておくことです。

勝負スーツが1着あると、心に余裕が生まれます。「今日は勝負スーツで行くぞ!」と、あなたにいつもとは違うスイッチを入れて、パワーを与えてくれるスーツなのです。

着る服を変えるだけで、自信が生まれます。日ごろのスーツではなく、勝負スーツ

を選ぶ日。そこに生まれる自信が、あなたを「仕事のできる力と品格を備えた特別な人」にしてくれるのです。

では、具体的に、3着のスーツの揃え方をご紹介します。

●7万円の勝負スーツ

百貨店の既製品（ただしパターンオーダーでお直しはしっかりしてもらいます）。濃いめの黒に近い紺（ダークなミッドナイトネイビー）、シャドーストライプに織られた素材のスーツ。

●5万円のイージーオーダースーツ

スーツ量販店のイージーオーダーです。一般的な紺（ミディアムネイビー）で、ピンストライプが入ったもの。

●3万円のスーツ量販店既製品スーツ

スーツ量販店、２プライスストアの既製品、価格が２万９８００円前後のスーツです。色はミッドナイトネイビーかミディアムネイビーでキメ細かく光沢がある、イタリア製やイギリス製の素材で無地のもの。職種によってはウォッシャブルなどの高機能素材のもの。

以上、７万円・５万円・３万円で、総額15万円。これが、私が提案したいスーツのメリハリある揃え方です。

年収が上がりました。スーツの組み合わせはどう変えたらいいですか？

先ほどは年収５００万円のビジネスマンを想定して、７万円・５万円・３万円の比率で3種類のスーツをご紹介しました。もっと年収が上がったら、どうしたらいいでしょう。

年収８００万円の人の場合、スーツにかける予算は年収の３％で24万円で

す。普通に考えたら同じ比率で、11万円・8万円・5万円の3着になります。

しかし、全体を平均的にレベルアップすることはおすすめしません。ここは、16万円・5万円・3万円の比率で、勝負スーツに思い切って投資をしてください。

勝負スーツはあなたの社会的立場を表す服装です。それはあなたの自信と品格、信頼を示します。勝負スーツのグレードが上がると、あなたの気持ちのグレードも上がるのです。

一般的に男性は、女性よりも「武装」したがるものです。着るものによって気分が大きく変わりやすいということです。「ここぞ！」というときの勝負スーツは、ビジネスの成功にも直結します。

以前、私がスタイリングした40代の経営コンサルタントで、おそらく年収1000万円くらいの方に、60万円の「ブリオーニ」のスーツをおすすめしたことがありました。

もともとファッションには関心がなく、「人間は着るもので価値が変わるわけではない」という、たとえば記者会見にTシャツで臨んでいた堀江貴文さんのような考えをお持ちの方でした。

起業直後は、それもひとつの個性となったかもしれません。しかし、いまはすっかり成功して、仕事で会う相手もどんどんハイクラスの方が増えています。

そこで中途半端な値頃感のものではなく、あえて60万円のスーツを着てもらったのです。

「しぎはらさん、あのときの『ブリオーニ』のスーツ、あれが1着あるだけで、どんな相手だろうが、どんな場所だろうが、怖くなくなりました！」とおっしゃっていました。彼にとっての鎧《よろい》であり、「ガンダムのモビルスーツ」のような存在になったわけです。実際にブリオーニのスーツであれば、どんな高級なレストランやホテルにも堂々と入っていくことができます。そして店員は一目見ただけで、サービスを変えます。

何よりも、「これを着ていたら何があっても大丈夫」という自信があなたを

変え、相手に恥をかかせることもありません。ここぞという時の勝負スーツには、それくらいの力があるのです。

年収が上がったら、平均的にスーツをレベルアップするのではなく、思い切った勝負スーツを。これが鉄則です。

紺の色味にはこだわってください

「ミッドナイトネイビー」「ミディアムネイビー」という言葉を使いましたが、違いは知っていますか？

先にもお話ししたように、紺と一口に言っても実はさまざまな紺があります。いちばんフォーマルな紺が、ミッドナイトネイビーです。限りなく黒に近い紺、といえばイメージしやすいでしょうか。光の当たり具合によって、黒に見えることもある、深い紺色です。

ミッドナイトネイビーのスーツは、三ツ星レストランでの会食、冠婚葬祭など、格式の高い場にも対応できます。ホテルのパーティなどはもちろん、「ちょっと一言挨拶を」と頼まれた特別な会合などでも、失礼になりません。

私のお客様に、このミッドナイトネイビーのスーツをおすすめしたところ、「このスーツを着ていると、レストランに行ったときに明らかにいい席に通してくれるようになりました」とおっしゃっていました。品格のあるフォーマルな色だということです。

それに対して、やや明るめでありながら、十分ビジネスの場で着られるのが、ミディアムネイビーです。一般的な紺、明るすぎず濃すぎない中間的な紺、基本的な紺、といえるでしょう。

普段、ビジネス用に着る分にはまったく問題のない色です。どんな相手に対してもリスペクトを表現できる「万能の紺」と言ってもいいでしょう。

避けたいのは、明るすぎる、青に近い紺です。選ぶ色によっては軽薄な印象に見えてしまうだけではなく、シャツやネクタイとのコーディネートも難しくなります。

さらに紺といっても、素材や織り方との兼ね合いで、まったく異なるイメージを与えます。

ただ、紺の持つニュアンスは、印刷やパソコン、スマートフォンなどの画面ではなかなか伝わりきりません。写真を撮っても、角度によってまったく違って見えます。

ですから、店頭で実際に手に取って、さらには照明の下だけではなく、自然光の下でも見てみるなどして、色味の違いを体感するしかありません。

ストライプと生地の基本を少し知っておきましょう

「シャドーストライプ」「ピンストライプ」というスーツ素材によく使われるストライプの種類について、簡単に説明しておきましょう。

ストライプには大きく分けると2種類あると考えてください。

●生地の織り方でストライプをつくっているもの（シャドーストライプなど）

●生地の色とは少し違う色の糸でストライプをつくっているもの（チョークストライプ、ピンストライプなど）

この2つの違いは、実物を見るとより違いが明確にわかると思います。あなたのクローゼットにストライプ柄のスーツがあれば、ぜひよく観察してみてください。どちらもベーシックでルールに則っているデザインです。

ただし、ビジネススーツであれば、ストライプの幅は、広くても1・5センチ以内。幅が広すぎると、個性的で押しの強い人に見えてしまいます。

また、生地の色とストライプの糸の色の差は、できるだけ小さいほうがベーシックです。差が大きすぎると目立ちすぎます。ストライプの基本は、「目立ちすぎない」「主張しすぎない」ことだと考えてください。

ピンストライプは、極細の「点線」のようになっているのが特徴です。私がピンストライプをおすすめするのは、伝統柄であり、ビジネスシーンに適しているからです。

シャドーストライプは、織る際に糸の方向を変えることでストライプ柄に見える生

主なストライプの種類

ピンストライプ

ピンで打ったような細かい点が連なった細い縞柄。伝統柄のひとつとされ、きちんとした印象を与える。

チョークストライプ

チョークで線を描いたような縦縞のストライプ。ややかすれた縞が特徴。起毛している生地など、比較的柔らかい生地が使われることが多い。

シャドーストライプ

糸の縒《よ》りの方向を右縒りのものと左縒りのものを組み合わせることによって縞柄にしたもの。一見すると無地のようにも見えるが、光の当たり具合でストライプ柄が見えるタイプ。

地です。遠くから見ると無地にも見えるのですが、ある角度から光が当たることでストライプ柄が浮き出ます。

7万円の勝負スーツにシャドーストライプをおすすめしているのは、安価なスーツの場合、上品なシャドーストライプが選べないことがあるからです。

シャドーストライプは濃い色で、シルク（絹）が織り込まれた光沢のある生地ほどきれいに見えます。ミッドナイトネイビーのシャドーストライプは、ストライプが目立ちすぎず、主張しすぎない最強の組み合わせです。

さらに、生地についても簡単に触れておきましょう。とくに無地のスーツを選ぶ場合は、生地選びで印象がかなり変わります。

ここで知っておいていただきたいのは、生地の質感です。とくに紺には少し光沢がある生地が合います。

これも印刷やディスプレイでは表現できません。上質な素材には「ぎらぎら」ではなく「つやつや」な光沢があるのです。

各メーカーとも、着心地がよくて丈夫な生地の開発に余念がありません。日本国内で売られているスーツは、量販店、百貨店を問わず、かなりいい生地を使っていると断言してもいいでしょう。

いい生地を見極めるためには、現物に触れるしかありません。ぜひ実際に手に取って、試着して生地の違いを感じてみましょう。

ツーピースとスリーピースは、どちらがベーシックですか？

店に行くとジャケットとパンツのツーピースのスーツだけではなく、ベストもついたスリーピースのスーツもあります。

スーツの起源をさかのぼると、スーツといえばスリーピースを指していました。したがって、スリーピースのほうが、よりベーシックであり、フォーマル度が高いといえるでしょう。

ちなみに、本来はスリーピースの場合はベルトではなく、サスペンダーを使うのが本流です。

勝負スーツを選ぶ際には、スリーピースを選ぶことをおすすめします。ベーシックでフォーマルだからという理由だけではありません。

日本人は、欧米人に比べると平均的に胸の厚さが薄いのです。中にベストを1枚着ることによって、胸回りが立体的になります。すると重厚感が生まれるのです。

もちろん、スリーピースを買って、ベストを着用せずにツーピースとして使っても大丈夫です。場面によって使い分けることができるのも魅力です。

07

まずはスーツの試着に行きましょう

本当に〝いい〟スーツを試着してみましょう

いきなりスーツを買いに行くのではなく、まずは徹底的に試着をしてみましょう。

「なぜ、すぐに買ってはいけないのか？」と思うかもしれませんが、試着というステップをおすすめするのにはちゃんとした理由があります。

第2章では、シャツをしっかり試着してから買うことをお伝えしましたが、試着のポイントは、サイズと着心地の確認でした。

スーツの試着には、さらに別の意図があります。

まず考えていただきたいのは、スーツは大きな買い物だということです。金額面でももちろん、シャツよりもずっと高額です。「3着あればいい」と提案しているように、そう頻繁に買い替えるものでもありません。

たとえば車を買うときに、試乗せずに買う人はまずいないと思います。家を買うときも、何度も何度も下見をして、情報を集めてから決めるはずです。

スーツを買うのも同様。特別な買い物なのです。上質なビジネススーツを買いたいと考えているならば、いきなり買うのではなく、試着というステップを踏んで吟味すべきです。

スーツを買う前に試着をする主な目的は3つあります。

- **自分の体型に合ったスーツの着心地とシルエットを体感する（高級なスーツほど軽くて、とくに肩回りが動きやすいものです）**
- **自分にぴったり合ったサイズを体で覚える**
- **いい素材、生地に実際に触れてみる（色、光沢、軽さ、なめらかさなど）**

シャツの試着は、その場で買うことを前提としていましたが、ここでおすすめするスーツの試着は違います。試着そのものが目的です。

スーツはブランドやメーカーごとに、同じサイズ表示でも、肩幅、肩のライン、袖丈、着丈などに違いがあります。ある程度、試着を重ねることで、自分に合った本当に着心地の良い一着を選べるようになります。

15万円クラスのスーツの試着は10着が目安

先にお伝えしたとおり、年収500万円の方に私がおすすめするスーツは、7万円・5万円・3万円の3着。年収の3％で3着購入するという提案です。しかし、最初に15万円のスーツを試着することをおすすめします。

それは、まず15万円クラスの「本物」を着てみて、着心地の良さを体験していただきたいのです。実際に買うことを前提とはしていません。いいものを知るためにだけ、試着をするのです。それも徹底的にです。

シャドーストライプとピンストライプと無地。この3種類の紺色のスーツを、それぞれ3着ずつ試着しましょう。つまり合計で9着、その他に気になるものもあればあわせて試着し、10着をひとつの目安とします。

15万円クラスのスーツとなると、向かう先はそれなりの品揃えがある百貨店となります。専門家がいる、高級店も同じです。専門知識を持った販売員と会話をすることも、重要な経験となります。「教えてもらう」つもりで、遠慮なく、堂々と試着してわからないことは質問をしてください。

ただし、10着の試着となるとそれなりに時間もかかります。もちろん一日で10着試してみても構いませんが、時間に余裕がないとか、「一度にたくさん着ると混乱しそう」という心配がある方は、3~4着の試着を3回に分けるとよいでしょう。

また、住んでいる地域によっては、残念なことに15万円クラスのスーツの品揃えがきちんとある百貨店が近所にはない、という可能性もあります。

その場合は、出張などで大きめの都市に行った際に、百貨店を訪れてみるとよいで

しょう。

「10着も試着するのか？　多いな」「しかも買わないのに、店に悪いんじゃないか？」という心配は無用です。なにしろ、高価なスーツでも、無料で試着をすることができるチャンスが百貨店にはあるのです。臆することなく、試着してみましょう。また、百貨店の販売員は、買わないからといって嫌な顔は絶対にしません。

10着くらい試着をして、はじめて、いいスーツの素材や着心地、値頃感といった良さがわかるようになります。1着や2着では足りません。とにかく数を着て体で感じていただきたいのです。

あなたに合うスーツのシルエットを知りましょう

百貨店を訪れたら、まずインフォメーションに向かいましょう。第2章でシャツを買う際にお話ししたとおり、百貨店の売り場は、知らない人には理解しにくいものだからです。

いきなり紳士服フロアに行ってもいいのですが、肝心の売り場を間違える危険性があります。

ここで、スーツの基本知識をひとつ覚えておきましょう。基本的にスーツの源流には、3種類のシルエットがあります。

●ブリティッシュ
●イタリアンクラシコ
●アメリカン（トラッド）

この3つのうち、どれがあなたに合うのか。それは、あなたの体型で決まるのです。先ほど「売り場を間違える危険性がある」とお話ししたのは、このシルエットのことです。本来ブリティッシュ体型の人が、いきなりイタリアン体型の売り場に行ってしまうと、体にしっくりくるスーツを見つけるのが困難になりがちです。

実は、難解に思える百貨店の紳士服売り場の構成は、基本的にこの3つを基準とし

てグループ分けされているのです。

そこで、インフォメーションではこのように尋ねてください。

「スーツを試着してみたいのですが、ビジネススーツに詳しい方はどちらにいらっしゃいますか？」

この質問は重要です。実は「私に本当に似合うシルエットを、間違いなく選んでくれる人を探しているんです」という意味だからです。

３つのシルエットの中の、どれかが必ずあなたに合うのです。それを決めるのは、専門家にまかせましょう。その専門家にスムーズに会いたいと伝えるのです。

インフォメーションの受付は、おそらく内線電話で紳士服売り場の担当者と話をします。そして、

「○階、紳士服売り場、○○コーナーの○○というものを訪ねてください」

スーツの3つのスタイル

ブリティッシュ

イギリス

長身・細身体型に向く

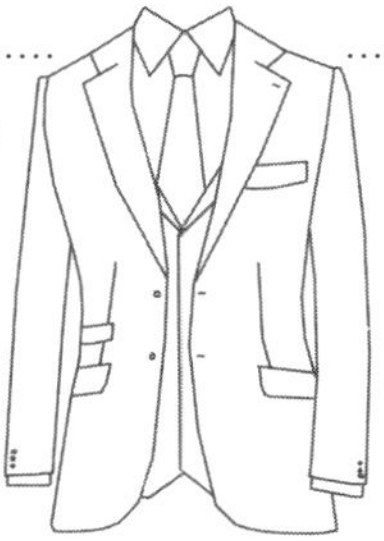

人の体のラインに忠実になぞったシルエット。肩にパッドが入って角張っていて、自然と胸の厚みを際立たせ、ウエストは絞ってある。クラシックスタイルとも呼ばれる、スーツの原点でもある。

イタリアンクラシコ

イタリア

中肉中背体型に向く

肩幅は全体のアウトラインを包み込むようなジャストサイズ（ブリティッシュよりも少しゆったり）で、ウエストラインは適度な絞りがあってゆるやかで自然。着丈はやや長め。

アメリカントラッド

アメリカ

大柄・がっちり体型に向く

肩はナチュラルなシルエット。パッドが入らないか、入っても薄いパッドとなる。ウエストの絞りが少ないストレートなシルエット。

と教えてくれるはずです。その人が、あなたが探している専門家です。万一「わかりません」「いません」と答えたら、残念ながらその案内係は失格です。別の百貨店に行きましょう。

「スーツ販売のプロ」を本気にさせるたったひとつの質問

あなたが会うべき相手は、いわば「スーツのコンシェルジュ」、スーツのことなら何でも知っているスーツ販売のプロです。

知識も経験も豊富で、ひと目見ただけであなたの体に合った最適なスーツをセレクトできる人が紳士服売り場には必ずいるはずです。

肩書は「フロアマネジャー」だったり、ブランドショップの「店長」だったり、店によってまちまちです。店頭で自分で探し出すのは難しいでしょう。ですから、インフォメーションで聞くのがいちばんいいのです。

紹介された担当者に会ったら、

「ビジネススーツの試着をお願いします」

「予算は15万円くらいです」

「濃紺でシャドーストライプ（またはピンストライプ、無地）のものを3着くらい選んでもらえませんか」

と伝えましょう。これらは定番のスーツですから、百貨店には数種類そろっているはずです。

そしてここで、あなたの「本気」を伝える質問をして、スーツ販売のプロの魂にスイッチを入れましょう。

「私の体型に合い、フィットするスーツはどんなものですか？」

この質問は、先ほどお話しした「ブリティッシュ・イタリアン・アメリカン」のう

ち、どれが自分に合っていますか？　という質問です。

実は、あなたの体型に合うシルエットは、この3つのうちのどれかであり、それは大きく変わらないものです（極端にやせたり太ったりした場合は変わることがあります）。

最初に、スーツ販売のプロにそれを教えてもらうのです。「これか、これあたりですかね」と言われたら、はっきりと「スーツの基本型は3つあると聞いたのですが、これはそのうちのどれに当たりますか？」と聞いてしまってください。

こう言われると、間違いなくスーツ販売のプロは「このお客さんは本物のスーツを探しているな」と感じます。そして、「よし、このお客さんのために、最高のスーツを選んで差し上げよう！」と、プロ魂にスイッチが入るのです。

1着試着たら、必ず3方向から写真を撮ってもらう

スーツの試着に行く際には、シャツのときと同様、普段仕事で着ているスーツ、シャツ、ネクタイ、靴、バッグのスタイルで行ってください。スーツ販売のプロはそ

の服装から、あなたのパーソナリティを読み取ります。

ここで「スーツ販売のプロ相手に、安いスーツを着て行ったらバカにされるんじゃないか」と心配する必要はありません。あなたは15万円の高級スーツを試着に来たお客様です。相手はあなたを値踏みするのではなく、あなたがどんな仕事をしていて、どんなシーンで、自分をどのように見せたいと考えているのかを知ろうとするのです。「どのようなお仕事ですか？」と聞かれるかもしれません。このときは名刺を渡すかのように自己開示してください。

そして、「あくまでもルールに則っていて」「仕事ができそうに見える」スーツがほしいことを伝えましょう。

色と柄まで指定していますから、おそらくすぐに「これなどいかがでしょう？」と数着のスーツを探してくれるはずです。

その際に、「この生地は特別な糸を使っていて……」とか「このスーツは襟のデザインがこうなっているので……」など、商品の説明をしてくれます。わからないことがあったら、どんどん質問してください。そのたびに、あなたのスーツに関する知識が増えていきます。

そして試着室で1着ずつ着てみます。スーツ販売のプロはまず肩回りのサイズを確認し、合っていなかったら別のサイズにしてくれます。

次に袖丈、パンツの裾丈、さらにお直しの必要がある場所を確認してくれます。鏡を見ながら、販売員の説明を聞きましょう。

そして試着がOKとなったら、携帯電話（スマートフォン）を渡して、

「後で見直したいので、正面、横、後のそれぞれ3方向から写真を撮ってもらえませんか」

とお願いしてください。決して嫌がられることはありません。

写真を撮っておくと、自分の記憶の整理に役立ちます。また、とくに後ろ姿の写真を撮っておくと、肩回りのサイズを後で確認することができます（その場では鏡でチェックします）。

1着着たら、3方向から写真撮影。これを繰り返すのです。

試着が終わったら、これもシャツのときと同様に、名刺をもらって帰りましょう。次に試着する際、あるいはいよいよ買い物に行く際、「この人に聞けば大丈夫」という指針になります。

試着を徹底的にすることは、あなたにとって大変有意義な経験になります。スーツに関する歴史や知識やうんちくを学ぶよりも、スーツとは、どのようなものなのかを体感することが大切なのです。

次のステップは実際の購入です。本書では、７万円、５万円、３万円の順に説明しますが、試着をしっかり経験していれば、どの順番で買いに行っても大丈夫です。

自信を持って、スーツを買いに行きましょう。

スーツ量販店で試着をするときに気をつけることは？

百貨店でのスーツの試着をおすすめしたのは、実際に着てみることで本当の高級品の着心地を知ってもらいたいからです。

スーツ量販店の場合、そこまでの高級品は扱っていないケースもあるでしょう。

また、試着の際、百貨店の販売員はパンツの裾を、必ず内側に折り入れてくれます。裾丈の感じがわかりやすいようにです。

一方、スーツ量販店の多くは、試着のときにパンツの裾を外側に折ります。お直しのサイズ合わせだけならこれでいいからです。残念ながらそれ以上は求められません。

「普段はスーツ量販店で購入するのがほとんど。住んでいる近くに百貨店がない」という方もいるでしょう。そのような方は、たとえば出張の際などに、ぜひ大都市の百貨店で本物を試してみていただきたいのですが、現実にはなかなか難しいかもしれません。

その場合は、スーツ量販店で試着をして、スーツとはどのようなものなのか、体感していただきたいのです。試着の際に伝えるべきキーワードは、

「この店の中で、いちばん高級なスーツを着てみたいのですが」

です。スーツ量販店であれば、だいたい6万円クラスのスーツになるかもしれません。まったく試着をせずに買うのではなく、1着6万円のスーツを着てみることで、自分に合うスーツ、合わないスーツが自《おの》ずとわかってくるはずです。

ただし、一点気をつけてください。

「私の体型に合うスーツはどんなものですか？」

と質問をしても、「ブリティッシュ・イタリアン・アメリカン」のうち、どれがあなたに合っているのかを、販売員が答えられない場合があるかもしれない、という点です。

スーツ量販店の場合、3つのシルエットを明確に分けていないのです。その店オリジナルのシルエット、日本人なら万人に似合うであろう「ジャパニーズ」スタイルを扱っている場合もあるのです。

この場合は、

「ぴったり、ゆったりなど、着心地の違うものを一通り着てみたいです」と言えば、店頭に並ぶ品揃えの中から異なるシルエットのものを出してくれるはずです。それぞれを試着しながら、販売員と「どのシルエットが合うか」を探っていきましょう。

あなたに合うスーツのシルエットを、必ず見つけてください。それが試着の目的なのです。

08
百貨店で7万円の勝負スーツを買いましょう

「7万円のスーツ」を嫌がる販売員はいません

15万円のスーツを10着試着したあなたは、すでに百貨店の雰囲気にもなじんでいることでしょう。売り場を迷うこともなく、頼りになるスーツ販売のプロも知っています。

それが、本物に触れたということです。試着を繰り返すことで、気後れすることなくスーツを買えるという自信がついているのではないでしょうか。

さらに、試着を通じてあなたも、そして顔なじみとなった販売員も、あなたのパーソナリティを理解し、どんなシルエットが合うのかもわかっています。

ここまでくれば、試着で学んだ経験を生かして、7万円の勝負スーツを買っても大丈夫です。

試着のときと同様に、いつものシャツ、ネクタイ、靴を身に着けてスーツ売り場に行ってください。これは採寸の際の目安になるからです。

百貨店で買うべき勝負スーツは、ミッドナイトネイビーで、シャドーストライプのものでしたね。そのまま、明確に販売員に伝えてください。

そして、シャツを買うときと同様に、3行です。

「予算は7万円で」
「ビジネススーツのルールに則っていて」
「仕事ができそうに見えるスーツがほしいです」

「今回は予算は7万円以内でお願いします」と、最初にはっきりと伝えます。「さんざん15万円のスーツを試着しておいて、いざ買う段になると7万円では、販売員が嫌がるのではないか」――その心配はまったくありません。

むしろ、15万円のスーツをたくさん試着したあなたに、7万円の品物を選ぶのですから、販売員はプロならではの目利きの力を発揮してくれます。

喜んで、あなたのために腕によりをかけて最適の一着を選んでくれます。

お直しは徹底的にしてもらいましょう

試着と異なるのは、採寸です。試着のときにはある程度「仮に」袖を折ったり、裾を合わせたりしてくれたと思います。

しかし今回は買って、実際に着る服ですから、あなたの体にぴったりとフィットしたスーツにしてもらわなければなりません。その工程が、採寸とお直しです。

繰り返しになりますが、ビジネススーツのいちばん重要なポイントは、何よりもサイズです。あなたの体にぴったりとしていることが大事です。

まずは、肩、首、腕、背中のサイズが合っているかどうか、試着後に鏡を見ながら確認しましょう。

また、パンツの腰回りはもちろん、太もも回り、足首にかけてのシルエットも確認してください。

百貨店であれば、根本的に合わないサイズを提案されることはまずないと考えてよいでしょうが……。

採寸とお直しの工程について、これまでに「パンツの裾丈」と、せいぜい「袖丈」しか直してもらったことがない、という男性がほとんどではないかと思います。

しかし、実は採寸・お直しは奥が深く、なおかつ重要なことだと認識してください。

今回あなたが買う勝負スーツは、7万円もして、百貨店で買うものです。かなり高い買い物だといえるでしょう。

しかし、そうはいっても既製品です。百貨店の品揃えの中から、あなたの体型にいちばん「合いそうな」、いちばん「近い」1着を選んだのにすぎません。

既製品のスーツは、「だいたい合っている」サイズを、「ぴったり合っている」サイズに調整して着るものです。お直しは、たくさん行って当たり前なのです。

基本的には、パンツの裾、ジャケットの袖丈はもちろん、パンツ、ジャケットともにウエストのお直しくらいは、当然だと考えてください。

さらに場合によっては、肩幅、胸囲のお直しが必要な場合もあります。徹底的な採寸とお直しで、あなただけのスーツが出来上がるのです。

お直しにもベーシックなルールがあります

販売員はあなたの採寸をしながら、質問をしてくれるかもしれません。たとえば「パンツの裾は、シングルにしますか、ダブルにしますか?」といった具合です。
お直しは、実に微妙な作業です。1センチ、いや5ミリ単位で、全体の着こなしの印象が、がらっと変わることもあるくらいです。
本格的にスーツに詳しい、いわゆる「おしゃれな」男性は、ジャケットの袖からワ

スーツのフィッティングのポイント

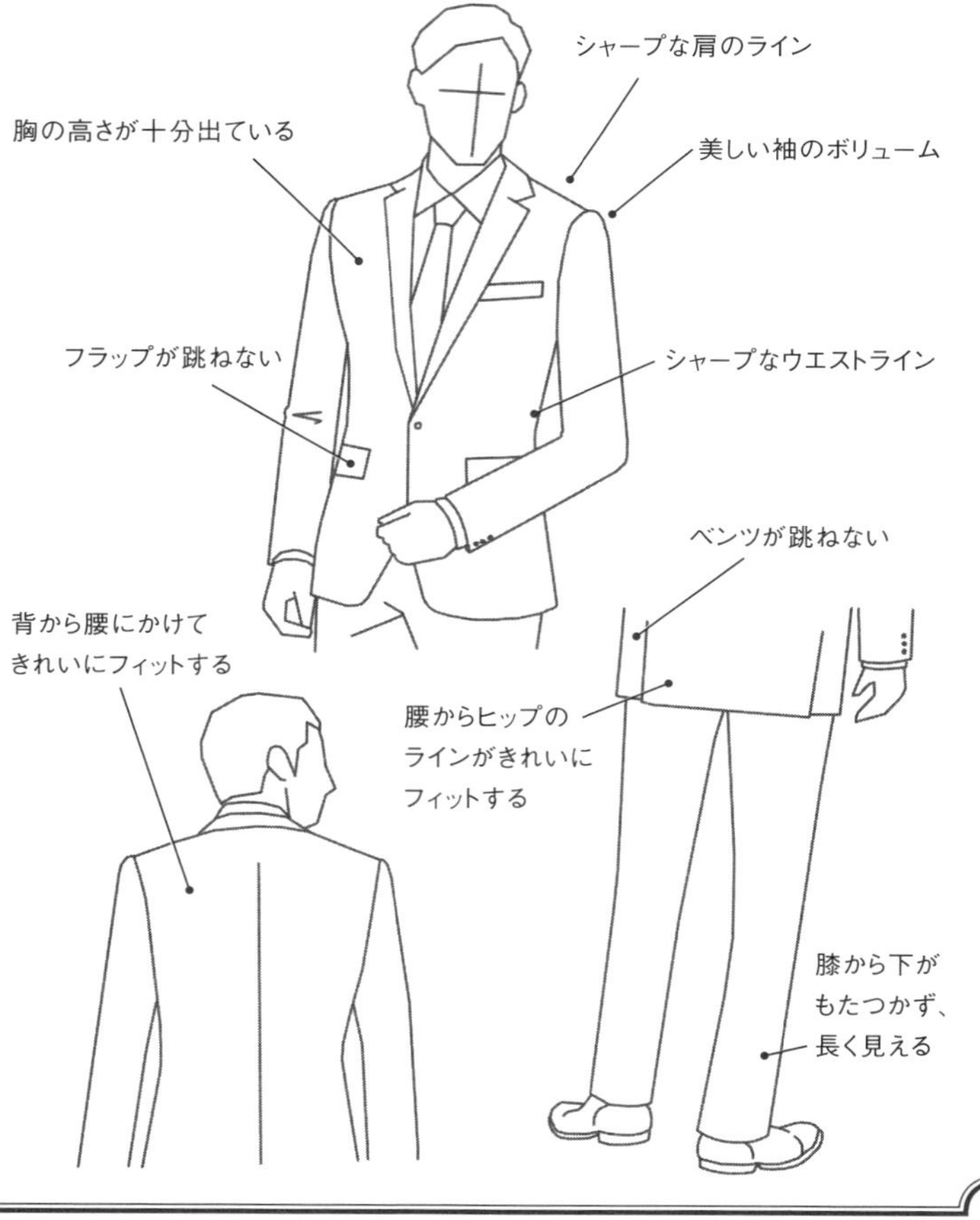

スーツの見た目を決める丈のバランス

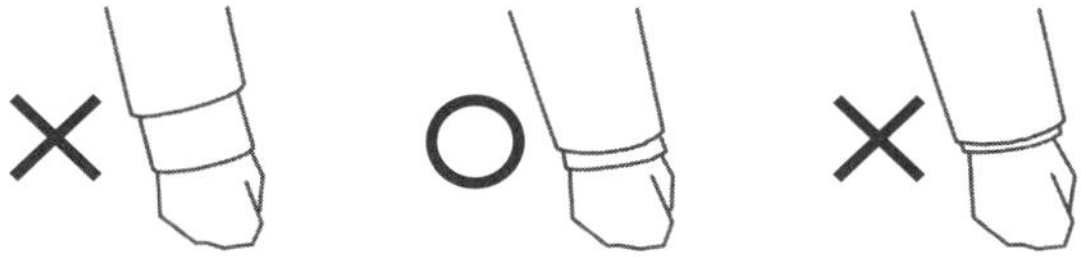

上着の袖丈が短い　　ほど良い袖丈　　シャツが短い

※カフスが 1.5cm 見えるくらい

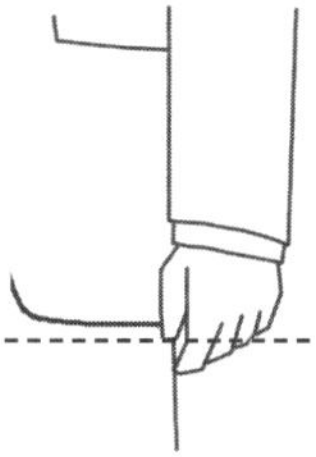

着丈が
親指の先と
同じくらいの
長さがベスト

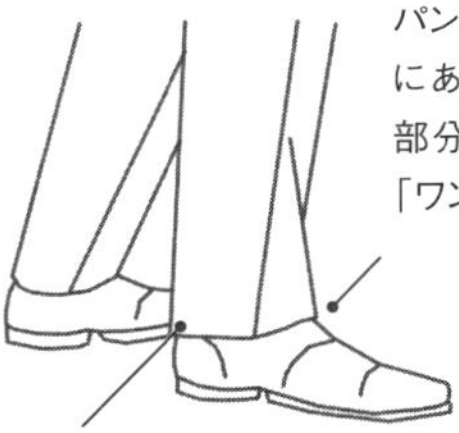

パンツの裾が靴の甲
にあたり、当たった
部分が1ブレイクする
「ワンクッション」

裾をダブルにするときの
折り返しの幅は4cm 程度に

上着の襟が開きすぎている

シャツに上着の襟がかかっている

上着のネックポイントが高く、シャツの後ろ襟が隠れている

シャツの後ろ襟が1.5 ～ 2cm 程度見えるくらいがバランスがよい

イシャツの袖が何センチ出るか、パンツの裾が靴にどれくらいかかるか、といったことにこだわります。

しかしそれは、スーツが好きで勉強をして、知識が豊富にあって、さまざまな事例を見て、さらに自ら多くの体験をしているからこそできることです。

スーツやファッションの知識は最低限でよいと考えているのなら、

「ルールに則った、ベーシックなサイズでお願いします」

と伝えれば十分です。販売員の知識に頼りましょう。まず、突飛なお直しをされることはありません。

お直しに関するいくつかの、ベーシックなルールを紹介しておきます。それぞれに背景や意味があるのですが、あくまでも簡単に説明することにとどめます。

●袖丈

ジャケットの袖丈は、あなたの腕の長さによって決まります。この微妙な長さの違いで第一印象が大きく変わります。

わかりやすいのはシャツの袖との関係です。ジャストサイズのシャツを着た場合に、自然に腕を下ろしたときにシャツの袖が1・5センチ出るくらいがちょうどいいでしょう。

スーツを着たときにはシャツの袖が少し出るもの、と覚えておいてください。

●パンツの裾の処理

迷わず「シングル」を選んでください。「ダブル」の起源は、泥ハネや濡れを防ぐため、というのが定説です。しかし、「ダブル」がルール違反というわけではありません。ひとつのベーシックな形です。

ただし、折り返しの長さはどうするか、靴との相性はどうか、といったことと絡んできますので、「シングル」のほうが無難だといえるでしょう。

●パンツの裾丈

「ワンクッション」「ハーフクッション」「ノークッション」といった種類があります。

長いものから短いものの順番です。どれもルールに則っています。

「クッション」とは、靴の甲に裾がどれくらい当たるか、ということです。わからなかったら、「ワンクッション」をおすすめします。パンツの裾が靴の甲にあたる長さですが、後ろから見るとパンツのセンターラインがまっすぐに見えます。裾丈を短くすると、靴や靴下にある程度制限ができてしまいます。「ワンクッション」ならその心配がありません。

百貨店の既製品の場合、お直しには約10日はかかると考えておいてください。遠方から店を訪れ買う場合などは、仕上がったら配送してくれるのが普通です。出来上がったスーツを着てみましょう。これがあなたの勝負スーツです。着心地はいかがですか？　気分はどうですか？

ミッドナイトネイビーのこのクラスのスーツなら、格式の高いレストランにも堂々と入っていけます。

勝負スーツで自信とパワーが湧き上がる感覚を、存分に味わってください。

スーツのパンツのデザインは選べますか？

スーツは原則として、上下がセットです。「このジャケットには、このパンツ」と決まっています。

たとえば、タックの入ったパンツが好きな方が、ジャケットのサイズでスーツを選んだ場合、パンツにタックなしということもあります。

「ジャケットは気に入ったんだけど、パンツにタックが入ったものがほしい」となれば、ジャケットから選びなおすか、価格は高くなりますが、イージーオーダー対応に変更してください。スーツは、あくまでも上下セットだと考えてください。

ただし、パンツのもも回り、ひざ下の太さなどを、お直ししてもらうことはできます。「ジャケットはいいんだけど、パンツがちょっとぶかぶかだなあ」というときは、お直しで対応してもらいましょう。

一般的には、既製品のスーツの場合、通常はジャケットの袖丈、パンツの裾丈、腰回り（3センチ以内が目安）のサイズは無料でお直ししてもらえる場合が多いです。

それ以外の、たとえばもも回りなどのお直しは別料金になります。料金を確認してみてください。

スーツ量販店の既製品の場合だと、お直しの料金が高くなった場合は、いっそイージーオーダーにしたほうがお手頃な価格になる場合もあります。

スーツはサイズが命。お直しに妥協する必要はありませんが、一方でお直し料金にも注意してください。

百貨店のブランドショップはどうやって選べばいいのですか？

百貨店の紳士服売り場がどういう構造なのか、知らない方も多いと思います。なぜかというと、聞きなれないカタカナが多いからです。

フロアマップを見ると「コンテンポラリーカジュアル」「インターナショ

ナルラグジュアリー」「メイドトゥメジャー」といった単語が並んでいます。

さらにブランド名。「ブルックスブラザーズ」「ポールスチュアート」「ダーバン」「ジョルジオアルマーニ」「サルヴァトーレフェラガモ」……。

まめにファッション雑誌を読むような男性なら当たり前のブランド名も、興味がない人にとってはちんぷんかんぷんです。

わかりやすく、かなり概略化してお話しすると、まず百貨店の中には「いろいろなブランド品を集めて、その百貨店の店員が売っているコーナー」と、「各ブランドごとにブースを持って、各ブランドの店員が売っているコーナー」があると考えてください。仮にここではそれぞれを「百貨店コーナー」「ブランドショップ」と呼びます。
まず行くべきなのは、「百貨店コーナー」です。理由は、たとえばスーツなら、スーツそのものの品数がいちばん多いからです。
一方の「ブランドショップ」には、当然そのブランドの、さまざまな品物を狭いブースの中で扱っています。したがってスーツだけを見ると、必然的に「百貨店コーナー」よりも品数は少ないはずです。

しかし、もしかしたら「ブランドショップ」に、本当にあなたにぴったりのスーツがあるかもしれません。

「百貨店コーナー」でスーツを選んでもらったとき、百貨店の販売員に、

「ちなみに、僕に合いそうなブランドショップはありますか？」

と聞いてみるのがいいでしょう。

実は「ブランドショップ」は、「ブリティッシュ」「イタリアン」「アメリカン」の3種類に分かれ、だいたい同じフロアに種類ごとに並んでいます。

「百貨店コーナー」の販売員は、あなたが3つのシルエットのどれが似合うかを見極めていますから、「こちらの並びのブランドショップではいかがでしょう？」と教えてくれるはずです。そうしたら、実際にその「ブランドショップ」に入って、ブースの販売員に話しかけてみましょう。

いきなり「えいや！」で目についた「ブランドショップ」に飛び込むこと

はおすすめしません。各ブランドの違いは、ざっと図解すると次のページのようになります。

各百貨店によって、「百貨店コーナー」と「ブランドショップ」の位置づけは多少の違いがあります。しかし、おおむねこのような仕組みになっていると理解してください。

なお、どんなに気に入ったブランドがあったとしても、スーツから靴、バッグなど、全身を同一のブランドでそろえてしまうと、そのブランドの広告塔のようになってしまいます。

「ブランドショップ」はあくまでもその「ブランド」が売り。あなたは「ブランド」ではなく「服」を着るのだということを忘れないでください。

価格帯、ブランドのイメージがわかる

スーツブランドのマトリクス

→モダン

タリアトーレ(TAGLIATORE)
●イタリアならではの上質な素材、色使い

ボリオリ(BOGLIOLI)
●デザイン性が高く軽やかな仕立て

ラルディーニ(LARDINI)
●クオリティの高い技術のモダンなスーツ

ポール・スチュアート
(Paul Stuart)
●ニューヨーク発、トレンドと洗練を融合

オンダータ
(ONDATA)
●細部まで目配りの利いた緻密なつくり

リチャードジェームス
(RICHARD JAMES)
●遊び心で存在感を放つ実力派

カルバン クライン
(CALVIN KLEIN)
●スッキリとしたシルエット、年齢層が広い

バーニーズ　ニューヨーク
(BARNEYS NEWYORK)
●ディテールに凝ったスタイリッシュブランド

J.プレス
(J.PRESS)
●東海岸発、カジュアルながら正統なスタイル

トゥモローランド ピルグリム
(TOMORROWLAND PILGRIM)
●エレガントで上質・上品な品格のあるスタイル

ポール・スミス
(Paul Smith)
●素材・裏地までこだわる男のデザイン性が高いクールな印象のスーツ

エポカ ウォモ
(EPOCA UOMO)
●ディテールに凝ったスリム&スタイリッシュスーツ

バーバリー・ブラックレーベル
(BURBERRY BLACK LABEL)
●伝統とトレンドを融合させた若々しいモダンな清潔感

イタリア　イギリス　アメリカ
ドイツ　日本

クラシック ←

15万円前後
（スーツの平均価格）

フランコ・プリンツィヴァリー
（FRANCO PRINZIVALLI）
●イタリアスタンダードスーツの代表格

10万円前後

ハケットロンドン
（HACKETT LONDON）
●入門用にも最適な英国スタンダード

ダーバン オンブラ
（D'URBAN　Ombrare）
●日本人の体型に沿うエレガントさ

ヒューゴ・ボス
（HUGO BOSS）
●流行を追わないベーシックな安定

ニューヨーカー
（NEWYORKER）
●シーンを選ばないベーシックスーツ

ダンヒル
（DUNHILL）
●幅広い年齢層。落ち着きのあるデザイン

五大陸
●日本紳士服のスタンダードスーツ

ティモシー エベレスト ロンドン
（TIMOTHY EVEREST LONDON）
●"堅さ"のないコンテンポラリーな英国調

チェルッテイ 1881
（CERRUTI 1881）
●歴史に裏打ちされた、洗練されたシルエット

ピーター ジョンストン
（PETER JOHNSTON）
●モダンで構築的なウエストシェイプ

シップス（SHIPS）
●英国の伝統スタイルをベースに現代風にアレンジ

ユナイテッドアローズ
（UNITED ARROWS）
●クラシックをベースに流行を取り入れたスタイルが基本

タケオキクチ
（TAKEO KIKUCHI）
●日本のビジネスマン向け英国のベーシックなスーツ

7万円前後

09

スーツ量販店のイージーオーダーで5万円のスーツをつくりましょう

いちばんリーズナブルで良いスーツが買えます

アパレル業界は、技術の面でもサービスの面でも、日進月歩で発展しています。メーカー、販売店とも大変な企業努力を常に続けています。

もちろん、スーツ量販店もそうです。とくに日本のスーツ量販店は、非常に高いレベルの品質とサービスを競い合っています。

そのような中で、いま新しい流れができています。それが、私がおすすめする、スーツ量販店のイージーオーダー（パターンオーダー）なのです。

イージーオーダーとは、メーカーの工場にすでにある、何百種類もの「型紙」の中から、その人にいちばん合う「型紙」を指定し、補正してつくるものです。

補正は工場での対応が可能な範囲内に限られますが、生地や柄を選ぶことができますし、何よりも5万円程度であなたの体にかぎりなくフィットしたサイズのスーツを手に入れることができるのです。

いま、いくつものスーツ量販店がこのイージーオーダーに進出しています。おそらく今後しばらくこの流れは続くでしょう。

値段的にも、百貨店の既製品と、スーツ量販店の既製品のちょうど中間くらい。3万〜5万円くらいです。ですから、3着のスーツを持つのなら、1着はぜひイージーオーダーにしてください。

買うのは、一般的な紺（ミディアムネイビー）で、ピンストライプです。

スーツ量販店のマトリクス

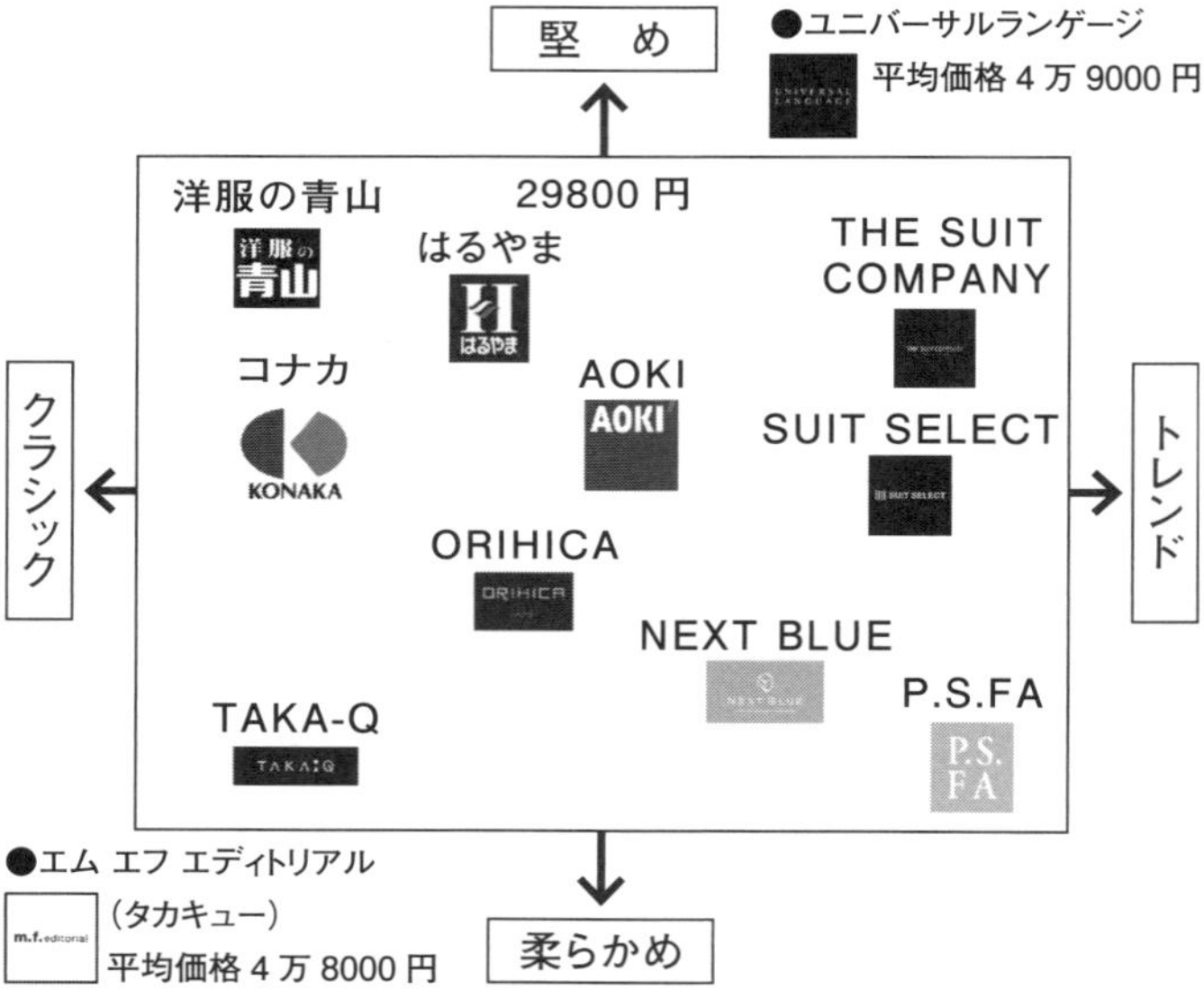

コナカ
・高機能素材開発スーツを多く扱う
・世界初の汚れをシャワーで洗い流せるスーツ
・着るだけで美しく見える『X-SUIT』

DIFFERENCE（ディファレンス）
*コナカのオーダースーツ部門・
・2 着目からはスマホオーダー可・専用アプリも開発
・2016 年 10 月オープン。最低価格は 3 万 5000 円。

SUIT SELECT
* コナカが運営する佐藤可士和プロデュースのスーツ量販店
・美しくタイトな形とリアルを追求したフォルム
・『スリム』『シャープ』『直線的』がキーワードの BLACK LINE
『エレガント』『曲線』『コンフォート』の SILVER LINE
・品質&ロープライス価格も実現

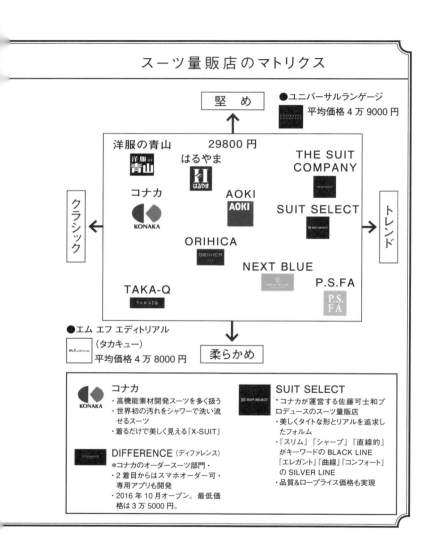

はるやま（はるやま商事）
・全年齢対象「スーツで日本を健康にする」を掲げる
・低価格・高品質・機能性、屈指の費用対効果

P.S.FA（パーフェクトスーツファクトリー）
・流行を取り入れたトレンド性の高いデザイン
・20 ～ 30 代の年齢層のビジネスマン向け低価格帯
・完全ノーアイロンのアイシャツが大ヒット

AOKI（アオキ）
＊知名度・実績抜群のスーツ量販店
・若年層をターゲットにデザインと機能性にこだわる
・洗えるなど機能性素材の開発
・2～8L まで大きいサイズも展開

ORIHICA（オリヒカ）
＊ AOKI グループのショップ。コンセプトは Key to the new lifestyle
・独創的・高いレベル・違う切り口という 3 つのキーワード ORIHICA
・エレガントで洗練を好むベーシックなデザインで大人世代向け
・通販限定や 2 着目半額などセールが充実

THE TAILOR SHOP AOKI
（ザ テーラーショップ アオキ）
＊ AOKI ホールディングスオーダースーツ部門
2016 年 10 月オープン。最低価格は 4 万 9000 円

洋服の青山（青山商事）
・スーツ世界販売数 No.1 の実績
・全年齢層をターゲットに品質へ強いこだわり
・高級上位ライン『ヒルトン』&『サビルロウ』
・アウトレット・セール・セット割が非常に充実

THE SUIT COMPANY
（ザ・スーツカンパニー）
＊青山商事が運営する若年層向けスーツ量販店
・ファッション性・品質・価格のレベルが高い
・若年層向けスーツ量販店では屈指の品質
・ビジネスにも使いやすくおしゃれ

NEXT BLUE（ネクストブルー）
・青山商事の「進化するオフィスウエア」
・機能性と着心地の追求

UNIVERSAL LANGUAGE MEASURE'S
（ユニバーサルランゲージ メジャーズ）
＊青山商事のオーダースーツ部門
2016 年 2 月オープン。最低価格は 3 万 5000 円

TAKA-Q（タカキュー）
・品質が評判の老舗スーツ量販店
・30 ～ 50 代の年齢層に人気

m.f.editorial（エフ エム エディトリアル）
・ショッピングモールに多く出店。20 ～ 30 代中心。スタイルオーダー可能

オーダースーツブランドマトリクス

5万円

オンリー テーラーメイド by KOICHI NAKANISHI

価格：3万8000円～
・製法：イージーオーダー、ハンドメイド
・アイテム：スーツ、シャツ
・納期：4～5週間
・日本人の体型をほぼ網羅する17サイズの先縫いしたゲージ服を用意。国内自社工場オンリーファクトリーで仕立て、テーラークオリティの上質なスーツを提供する。

THE TAILOR SHOP AOKI（ザ テーラーショップ アオキ）

価格：4万9800円～
・製法：イージーオーダー
・アイテム：スーツ、シャツ
・納期：2～3週間
・AOKIホールディングスのオーダー部門。タブレット端末でディテールを選び、コーディネートの仕上がりイメージを確かめられる。

UNIVERSAL LANGUAGE MEASURE'S（ユニバーサル ランゲージ　メジャーズ）

価格：3万9000円～
・製法：イージーオーダー、ハンドメイド
・アイテム：スーツ、シャツ
・納期：4～5週間
・100万通りもの選択肢から、専属スタイリスト、先進の試着システム、熟練のマイスターたちによって丁寧に仕上げられる。

DIFFERENCE（ディファレンス）

価格：3万9800円～
・製法：イージーオーダー
・アイテム：スーツ、シャツ
・納期：2～3週間
・初回のみプロのテイラーが採寸、2着目以降はスマートフォンでもスーツを〝パーソナライズ〟できる。

3万円

オーダースーツ Global Style（グローバルスタイル）

価格：2万4000円～（2着セット4万8000円での1着の値段）
・製法：セミオーダー（パターンオーダー）
・アイテム：スーツ、シャツ、シューズ
・納期：3～5週間
・仕上がり後、3カ月まで無料で仕立て直し。仕立て上がりに不満があれば完全返金に対応する。

TAILOR FIELDS（テーラーフィールズ）

価格：2万3000円～
・製法：イージーオーダー
・アイテム：スーツ
・納期：4～5週間
・麻布テーラーを展開するメルボメンズウェアーの新業態で、より若い世代に向けたブランド。低価格でもオーダー老舗ならではの採寸は細かくて丁寧。

5万円

銀座山形屋

価格：4万9000円～
- 製法：イージーオーダー
- アイテム：スーツ、シャツ
- 納期：4～5週間
- 創業は明治。豊富なデザイン、数々のオプションなど、イージーオーダーの範疇を超えて「オーダーメイドのつくる楽しさ」を味わえる。

HANABISHI（ハナビシ）

価格：3万9000円～
- 製法：イージーオーダー、ハンドメイド
- アイテム：スーツ、シャツ
- 納期：3週間～
- 丁寧な仕事と、効率のよい工場生産を組み合わせることで、オーダーメイドの楽しみを堪能できる。

F-ONE（エフワン）

価格：3万2000円～
- 製法：イージーオーダー
- アイテム：スーツ、シャツ
- 納期：4～5週間
- 大阪・東京を中心に全国展開。定番からトレンドまで取り揃え、オリジナル生地の用意もある。

麻布テーラー

価格：3万7800円～
- 製法：イージーオーダー（パターン）、ハンドメイド
- アイテム：スーツ、シャツ
- 納期：2～5週間
- オーダースーツ界の老舗。経験豊富なスタッフのサポートで、着心地の良い一着を手に入れることができる。

3万円

DANKAN（ダンカン）

価格：2万2800円～
- 製法：イージーオーダー
- アイテム：スーツ、シャツ、フォーマル
- 納期：4～5週間
- イタリア、イギリスで買い付けたインポート生地が充実、約200～300種の中から選べる。東京・大阪・福岡など全国展開。

オーダースーツ SADA

価格：1万9800円～
- 製法：マシーンオーダー（パターンオーダー）
- アイテム：スーツ、シャツ
- 納期：2～4週間
- 生地企画から製造・販売まで一貫して自社生産。20カ所の採寸、300種の基本サイズから一人ひとりの体型、好みに合うものを選ぶことができる。

さっそく、スーツ量販店に行ってみましょう。

まずシルエットを選びましょう

まず、あなたの目的を明確に伝えましょう。販売員に伝えるのは次の3行です。


「予算は5万円以内で」

「ビジネススーツのルールに則っていて」

「仕事ができそうに見えるスーツがほしいです」

そしてデザインは、

「ミディアムネイビーで、ピンストライプのスーツを考えています」

スーツ量販店といえども、イージーオーダー（パターンオーダー）の販売員は専門的な知識が豊かだと考えてください。あなたのほしいスーツを、一緒につくろうとしてくれるでしょう。

その際に、

「どのようなお仕事ですか？」

「外回りと内勤の、どちらが多いですか？」

といった質問を受けるかもしれません。あなたの名刺を渡すように、積極的に自己開示してください。

イージーオーダーの場合も、まず決めなければならないのはスーツのシルエットです。「ブリティッシュ・イタリアン・アメリカン」のうち、どれがあなたに合っているのかということなのですが、店によってはそれらをオリジナルの名称で呼んでいる場合があります。

あなたの体型に合うスーツのシルエットは、ひとつしかありません。好き嫌いではなく、あなたに合うシルエットを販売員に聞いてみてください。

「私の体型に合うスーツは、このうちのどれですか？」

この質問は、どんな店でスーツを買うときにも共通です。また、試着の段階で自分に合うシルエットを見つけているのなら、たとえば「ブリティッシュスタイルにしたいのですが」と伝えてください。

販売員はそれだけで理解するはずです。

生地を選んでみましょう

「ミディアムネイビーで、ピンストライプ」と言っても、非常にたくさんの生地の種類があり、光沢や、色の印象が大きく異なります。

たくさんの生地の中から、いちばん気に入ったものを選ぶ。これこそオーダーメイドの醍醐味です。たっぷり時間をかけて、生地選びを楽しみましょう。ただし予算が決まっていると、選べる種類は限られます。

でも心配はいりません。5万円のイージーオーダーの生地は、十分な品質です。15万円のスーツの試着を体験したことで、生地の違いも光沢や手触りで感覚的にわかるはずです。

紺の色味の選び方は、ほかに持っているスーツとの兼ね合いや、職場のドレスコードとの兼ね合いを考慮に入れます。黒に近いミッドナイトネイビーのスーツをすでに持っているのであれば、ミディアムネイビーの中でも、やや明るめの紺を選んでもいいでしょう。

ストライプの種類は、基本的には伝統的なピンストライプをおすすめします。ストライプの幅が狭く、極細の「点線」のようになっているものです。

また、自宅の洗濯機で洗える、などの機能性が高い生地が選べるのも、量販店の強みです。ウオッシャブル、シワガードなど、機能面の説明もよく聞きながら、生地を選んでください。

採寸は徹底的にしてもらいましょう

イージーオーダーの場合、あなたの体型にかぎりなくフィットしたサイズのスーツが購入できることも大きな魅力です。

販売員はプロですから、採寸はおまかせして大丈夫です。試着の過程をとおして、特別な注意点、たとえば「肩の筋肉が人より多い」「胸の厚さが薄め」などを知っていれば、それを伝えましょう。

サイズを選ばなければならない場合、よくわからなかったら、「ルールに則った、ベーシックな仕上がりになるようにお願いします」と伝えれば大丈夫です。

イージーオーダーと、既製品の購入の大きな違いは、完成品を実際に着てみることができない点です。既製品であれば、実際に着てみて「お直し」をします。したがって、採寸には徹底的にこだわるべきです。出来上がってみて「あれ、思っていたよりも袖丈が長いな」となっては手遅れだからです（多少のお直しなら可能な場合があります）。

あなたがこだわるべきなのは、何よりも体にフィットするサイズのスーツです。採

寸の際には、販売員にこう伝えてください。

「僕の体にかぎりなくフィットするサイズでお願いします」

販売員は「このお客さんは、ゆったりでもなく、ぴちぴちでもない、ぴったりのスーツがほしいんだな」とわかってくれるはずです。

裏地やポケットのデザイン、ボタンなども自由に選べます

イージーオーダーの特徴は、さまざまなオプションが用意されていることです。いくつかのオプションと、その種類について簡単に説明します。

●裏地

裏地を変えると、ジャケットを脱いだり着たりする際に細部にも手を抜かない、細やかな気配りができる人だという印象を相手に与えることができます。

ただし、あまりにも派手で、奇抜な色や柄は、ビジネスシーンでは不適切だと考え

てください。基本は、表の生地と同じまたは同系色で、表と裏の色の差が少ないことです。

裏地は普段、見えない部分ですが、ジャケットを脱ぐときに他の人の目に触れる可能性もあります。あまり色や柄に凝りすぎて、ベーシックな「ルール」から逸脱しないように注意してください。

●ジャケットポケットのデザイン

ベーシックなデザインは、フラップポケットや、スラントポケットです。パッチポケットはカジュアルなデザインでジャケットに使用されます。ビジネススーツには合わないと考えてもよいでしょう。

●ボタン

ボタンの素材にも種類があります。代表的なものとしては、水牛ボタン、貝ボタン、練りボタン（樹脂を練って水牛ボタンに似せた耐久性のあるタイプ）などです。

ジャケットのポケットのデザイン

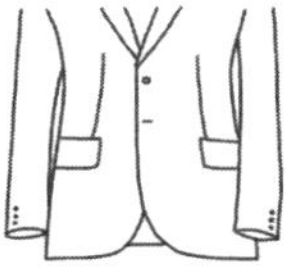

フラップポケット

ビジネススーツの多くで採用されているタイプ。「雨蓋ポケット」とも呼ばれる。正式には、屋外ではフラップ（蓋）を出して、屋内では入れておくというルールもあるが、日本のビジネスシーンでは、そこまで厳密さは要求されない。

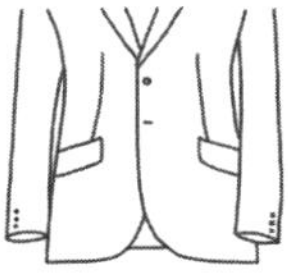

スラントポケット

若干斜めにカットされた腰ポケット。イギリスの乗馬服についていたポケットがルーツの、物が取り出しやすく、また落ちにくくするためのデザイン。見た目で、体型をスタイリッシュに見せてくれる効果もある。

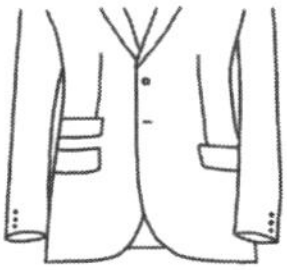

チェンジポケット

ジャケットの右側の腰ポケットの上に位置する小さいポケット。〝チェンジ〟とは小銭を意味し、小銭を入れるポケットとして使われてきた歴史的経緯がある。

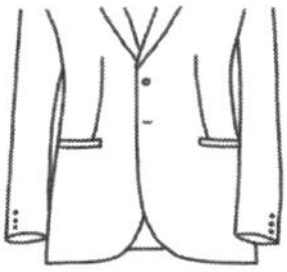

ノーフラップポケット

蓋のないポケットで、玉縁ポケットとも呼ばれる。フラップはもともと室内では外に出さないものであり、ノーフラップポケットは室内で着用することが多い、タキシードなどのフォーマルタイプのスーツに多い。

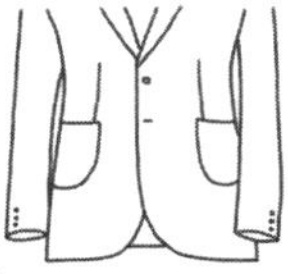

パッチポケット

ポケットの袋部分が違う生地でつくられているのがパッチポケット。カジュアルなイメージとなるため、ビジネススーツには向かない。フラップがあるタイプ、ないタイプがある。

この中で高級感を醸し出せるのは、水牛ボタンです。
紺色のスーツの場合、スーツと同系色のボタンを選ぶとよいでしょう。

オプションを選択すると、イージーオーダーはほぼ終了です。出来上がるまでにはだいたい3～4週間くらいかかるとみておいてください。

自分だけのオーダースーツをはじめて身に着ける瞬間、あなたの気持ちは「良い買い物をした！」と、とても豊かになるはずです。

春夏物、秋冬物は分けて買うべきですか？

「春物バーゲン」「冬物バーゲン」といったスーツの広告が出ることがあります。

現実的にスーツの「季節もの」とは、まず生地の種類、そして裏地の面積の大きさで変わると考えるとよいでしょう。

本書では、スーツはオールシーズン用として買うことをおすすめします。

もし販売員に「春夏物、秋冬物、どちらをお探しですか?」と聞かれたら、「オールシーズンで」と答えれば大丈夫です。

素材は、各メーカーも日々研究し、より着心地がよく、機能的なものを開発しています。秋冬春は、薄手のウール素材のもので大丈夫です。例外は、真夏です。日本の高温多湿な夏は、全体に裏地がついたジャケットは不向きです。ただし、店によっては、買いに行くシーズンによってその季節のものを売ろうとする傾向があることは知っておいてください。「季節感と流行を売るように」と指導・教育されているからです。

心配であれば、「これはオールシーズンに対応できますか?」「5年くらいは着られる、ベーシックな形がほしいです」とはっきり伝えるとよいでしょう。「季節物はいらない」「流行はいらない」という意思は伝えてください。

10

スーツ量販店で3万円の既製品を買ってみましょう

あなたが買いたいスーツを言葉にして伝えましょう

ここでは、スーツ量販店のいわゆる2プライススーツのうち、2万9800円前後のスーツを買う場面をシミュレーションしてみましょう。

いいものを数多く試着するというステップを踏んでいると、スーツ量販店での買い物も格段にしやすくなります。

まず、あなたが買いたいスーツの目的を伝えましょう。これまでとまったく同じです。伝えることは以下の3つです。

「予算は3万円くらいで」

「ビジネススーツのルールに則っていて」

「仕事ができそうに見えるスーツがほしいです」


次に希望するデザインを伝えましょう。

「ミッドナイトネイビー（またはミディアムネイビー）の無地のものがほしいです」

これだけで、最低限伝えるべき情報は販売員に伝わるはずです。

スーツ量販店に行ったときに、

「今日はどんなものをお探しですか？」

「スーツを買おうかと思っていて……」

「カジュアルですか？　ビジネスですか？」

という会話を経験したことがある方は多いのではないでしょうか。内心「カジュアル？　ビジネス？　どう違うんだ？」と思いながら、あいまいな気持ちのまま「仕事で着るのですが……」と答えるしかなかったのではないでしょうか？

販売員がこの質問で知りたいことは、「仕事で着るのか？」「どんな職業なのか？」「どんな場面で着るのか？」「ベーシックが好きなのか、トレンドが好きなのか？」といった目的と、あなたのパーソナリティーです。

先の3行を事前に伝えると、「カジュアルですか？　ビジネスですか？」という質問は受けないでしょう。

シルエットはあらかじめ決めておくほうが安心です

次に販売員に伝えることは、スーツのシルエットです。「ブリティッシュ・イタリアン・アメリカン」のどれか、です。

本来であれば、その場で「私には3種類のうち、どれが合いますか？」と聞けば、答えは必ずひとつなのですが、残念ながらスーツ量販店の販売員の場合、それを見極める経験や知識が足りない可能性もあります。

そこで重要なのが、高級品の試着なのです。信頼できる専門家に「あなたに合うシルエットは、これです」と言ってもらっておけば、安心ですね。

店によっては身長でサイズ分けをしていることが多く3つのシルエットを、独自の型につくり直し、その店ならではの分類をしているケースもあります。ただし、源流は必ず「ブリティッシュ・イタリアン・アメリカン」のどれかのはずなのです。

万一、ここで「えっと、よくわからないのですが……」と言われたら、遠慮なく「わかる人に代わってください」と伝えてください。

「そこまできつく言えない」という方は、「ぴったり、ゆったりなど、サイズの違うものを一通り着てみたいです」と伝えてください。これならどんな販売員にも通じるはずです。

お直しがどこまでできるのかを確認しましょう

何着かに絞り込んだら、それぞれを試着します。販売員は採寸をして、「サイズはこちらです」と持ってきてくれますが、まだ注意が必要です。明らかにサイズが合わない場合もあるのです。

試着したら鏡で前後左右からサイズをチェックします。まずジャケットの肩幅です。試着してシワが気になるなど、少しでも「おかしいな」と思ったら、「肩幅が合ってないように思いますが」と伝えましょう。違うサイズを持ってきてくれるはずです。肩幅と胸の厚み。この2カ所のサイズにはこだわってください。

なかには、身長のわりに胸が厚いとか、肩幅が広いといった体型の方もいるでしょう。基本的にスーツ量販店での3万円クラスのスーツのお直しでは、身幅の調整はできない場合が多いのですが、念のため「どこまでお直しをしてもらえるか」は聞いてみてください。

オーダーメイドではありませんから、試着で体感したような「ぴったり」のフィット感は得られないかもしれません。

しかし、あるものの中からできるだけ自分の体型に近いものを選び出す。スーツ量販店で既製品のスーツを買うとは、そういう作業なのです。

特別な知識がなくても、スーツのうんちくを知らなくても、気軽にしかもリーズナブルにいいものを買えるのが日本のスーツ量販店です。

会話をすることで、販売員の力を引き出し、サイズだけにこだわれば、いままでとは違う豊かな買い物ができるはずです。

百貨店の「スーツ2着バーゲン」は価値があります

春秋や年明けなどに、百貨店の「スーツ2着バーゲン」の広告を見たことがある方は多いのではないでしょうか。実は、スーツが安く買えるチャンス

なのです。

狙い目は、2着で5万円から7万円くらいの「イージーオーダー特別ご奉仕」などと揚げられた催事のスーツです。

この「2着バーゲン」の背景には、百貨店の思惑があります。バーゲンセールをきっかけに来店してほしい、顧客の裾野を広げたいという狙いがあるわけです。

たとえば、伊勢丹新宿店「紳士ファッション大市」の場合、「インポート生地」「日本製」「トレンドスタイル」にこだわった「2着5万4000円」のフェアが大ヒットしました。社員の購入も多かったといいますから、プロの目も満足させる品質だったわけです。

「百貨店は品質が良くても値段が高い」という既成概念を崩そうという、百貨店にとっての重要なマーケティング戦略のひとつなのです。

これを利用しない手はありません。リーズナブルに高品質なスーツを買うのに、百貨店のバーゲンが最適な場になってきたのです。

シャツ、スーツのボタンの留め方のルールを教えてください

まずシャツの場合、すべてのボタンを留めるのが原則です。シャツは本来、下着です。肌の露出はできるだけ抑えるものだからです。

ビジネス用のシャツの場合、ネクタイをすることを前提でつくられています。首元、袖、すべてのボタンを留めた状態を想定してデザインされているのが普通なのです。

何かの作業をするとき、休憩するときなど、ネクタイを緩めたり外したりすることもあるかもしれません。その場合は、首元のボタンだけ外してください。多くの場合、ボタン１つ。襟高で首元のボタンが２ついている、ドゥエボットーニのシャツの場合は２つです。

もうひとつ下のボタンを開けるのはＮＧ。胸元まで開けた姿は、だらしなく見えるだけです。

シングルのジャケットには2つボタンのものと3つボタンのものがあります。2つボタンの場合、上のひとつだけを留めて、下のボタンは外します。

3つボタンの場合は、上から2つを留めて、3つ目は外します。ただし、3つボタンでも「段返り」というデザインがあります。いちばん上のボタンが、襟で隠れているデザインです。この場合は、2番目の真ん中のボタンだけを留めるのが通例です。

スリーピースのスーツの場合は若干異なります。中のベストのボタンはいちばん下のボタンだけひとつ外し、残りはすべて留めましょう。そしてジャケットのボタンはすべて外すのが、ベーシックな着方です。スリーピースでジャケットのボタンまで留めるのは、披露宴など、かなりフォーマルな場だけです。

なお、スーツは基本的に立った姿勢を考慮してデザインされているものです。座るときに窮屈であれば、ジャケットのボタンはすべて外してかまいません。

ジャケットのボタンの留め方

2つボタン

3つボタン

段返りの
3つボタン

段返りの3つボタン
は、真ん中のボタ
ンのみ留める

スリーピース
ベストの一番下のボタンは外す

スリーピース
ジャケットのボタンは全部外す

スーツのお手入れはどうしたらいいですか？

2カ月に1回、夏場だと1カ月に1回くらいはスーツをクリーニングに出すという方が、けっこういらっしゃるのではないでしょうか。

スーツの生地は、原則としてウールなどの「毛（羊毛）」でできています。クリーニングに出すたびに、生地が薄くなっていくと考えてください。クリーニングのたびに、生地は傷んでいくのです。

多くても1シーズンに1回、年4回が上限だと考えてください

ほとんどの汚れはブラッシングで落ちます。洋服用のブラシを用意して、ジャケットの表と裏、そして袖を、さっとブラッシングするだけで、汚れは落ちます。できれば帰宅して着替えたら毎日1回、せめて週に1回はブラシをかける習慣をつけてください。

ジャケット用のハンガーは、厚みがあるものを使ってください。肩のライ

ンが崩れないようにするためです。

「シワ」「匂い」対策としては、アイロンのスチームをあてるか、一晩浴室にかけておくだけでもかなり効果があります。

パンツは、次のページの図のようにハンガーにかけると、ずり落ちないだけでなく、変なシワがついたり、形が崩れたりすることを防ぐことができます。

パンツの収納、保管方法

止め具がないハンガー

最初に、片側の脚の裾を30cmほどハンガーのバーにかける。次に、もう片側の脚の裾を、先にかけた脚の裾にかぶせるようにかけることで、ずり落ちるのを防げる。この場合、折り返す裾の長さを左右同じにする。

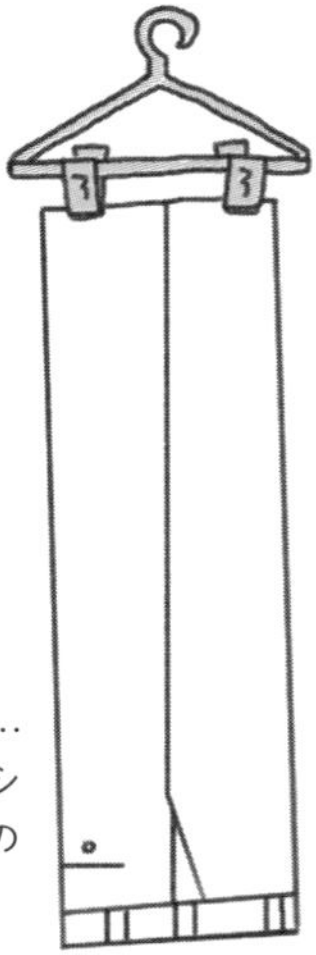

止め具があるハンガー

折り目を合わせて裾をハンガーの止め具にはさむ。シワのある箇所は、霧吹きで湿らせておくと、パンツの重みでシワが伸びる。

第4章

コーディネートを左右するネクタイ、靴……などの揃え方

11

ネクタイは自分で選ぶものです

ネクタイで相手への敬意（リスペクト）を表しましょう

ワイシャツを買い、スーツを買ったら次はネクタイです。

紺のスーツに、白かブルーかピンクのシャツ。ここまで揃っていてもネクタイ選びに失敗すると台無しになります。

ネクタイで失敗する「残念な」着こなしの原因は、大きく分けると2つあります。

1つ目は、ネクタイを奥さんに選んでもらうケース。女性はおしゃれにはこだわりがあっても、ビジネススーツの「ルール」は知らない場合が多いのです。
「あら、素敵なネクタイ！」「あなたに似合いそう」「たまには派手なネクタイもしたら？」という気持ちでネクタイを選びがちです。

ネクタイはスーツのコーディネイトの重要な要です。とくにビジネスシーンにおいては、まず相手へのリスペクト、そしてあなたの自己表現という優先順位があります。多くの場合、女性は「相手へのリスペクト」の部分を考慮しないのです。

社内でどんな立場にあるのか、目的は何か、仕事上会うのはどんな相手が多いのか。それらによってネクタイを使い分ける必要があるのです。さらに、ベーシックなスーツのルールにも則っていなければなりません。
「素敵」か否かというだけで選んではいけないのです。

2つ目は、プレゼントされたネクタイを使うケース。たとえば、ディズニーランドに遊びに行った方からお土産にもらったネクタイ。よく見ないとわからないのですが、柄がミッキーマウスの形をしています。

もちろん、ディズニー関係の仕事をしている、または取引先がディズニー関係者だというのであれば、戦略的にはありかもしれません。しかし、それ以外の場合はＮＧなネクタイです。

もらいもの、お土産のネクタイの着用には細心の注意が必要です。

ネクタイは、必ずあなた自身が選んでください。

「予算は○円で」
「ビジネススーツのルールに則っていて」
「仕事ができそうに見えるネクタイ」

それがあなたが買うべきネクタイです。

ネクタイは何本持っていればいいでしょう

ここでは、シャツ、スーツのときと同様に、

●毎日、ネクタイをして会社に通う人
●仕事中はずっとスーツを着ている人（制服に着替えない人）

を想定します。職種や勤務形態によって調整してください。

私が提案するネクタイは、

●デイリーの5本（5000～7000円）
●勝負用の1本（2万円前後）
●謝罪用の1本（5000円前後）
●葬儀用の1本（5000円前後）

の、計8本です。ここではクールビズや、フォーマルな場面は除いて考えています。

これだけあれば、十分に毎日の着まわしができます。

勝負用の1本をおすすめするのは、パターンオーダーのワイシャツや、百貨店の勝負スーツを持つのと同じ理由です。

勝負用と、謝罪用・葬儀用のネクタイを1本ずつ持ちましょう

本物で、いいものを1本用意しておくと、「これならどんな場面でも大丈夫」という自信が持てます。

ワイン系かブルー系の無地か小紋柄、シルク100%のものをおすすめします。百貨店のネクタイ売り場で2万円クラスになると、高級で上品なものが買えます。

その際、素材が肉厚で光沢のあるものを選ぶと、重厚感が出ます。素材感を指先で確認してください。ちなみに、しっかりとしたネクタイは、ギュッと握ってもすぐに元の形に戻ります。

ミッドナイトネイビーなどのダークスーツと、無地や小紋の光沢のある上質な勝負

ネクタイの組み合わせは、スーツの着こなしの中でも最上級です。どんなドレスコードにも対応できます。格式の高いレストラン、ホテルに行っても大丈夫です。

謝罪用には、光沢感のない、控えめなグレーで無地のネクタイを１本、葬儀用の黒のネクタイ、黒の靴下と一緒に、オフィスにおいておくと、いざというときに安心です。ストライプ等の柄物はＮＧ。あくまでも「自分を下げてへりくだる」ネクタイです。

無地の地味なグレーであれば、急なお通夜の席にしていっても大丈夫です。

このように、デイリーで使うものとは別に、特別な場に合わせたネクタイを３本用意しておくと、スーツの着こなしの幅が最大限に広がります。

ネクタイは、あなたを率直に表現します。最も自信あふれるネクタイと、最もへりくだるネクタイ。相手へのリスペクトや場に応じた礼節は、ネクタイで表すことができるのです。

ネクタイの結び方の基本を教えてください

ネクタイの結び方は、大きく4つに分かれます。ワイシャツの襟の形との相性で選ぶのが基本です。

「いつも同じ結び方しかしていない」という方も少なくないのではないでしょうか。そのなかでも、まずは「プレーンノット」「ウインザーノット」の2つの結び方を使い分けられるようになると、ビジネスシーンに応じた着こなしができるようになります。

●プレーンノット

固くて小さな結び目です。セミワイドのカラーとの相性がいいです。最も簡単な結び方ですので、最初はこれから覚えるのがよいでしょう。

●ダブルノット

縦に長い結び目が特徴で、プレーンノットよりも一回り大きいので、横から見たときに厚みが出ます。セミワイドカラー用に、この結び方もぜひ覚えておいてください。

●セミウインザーノット

正三角形に近い結び目です。とくにワイドカラーに合います。ネクタイの存在感が強くなりますので、自分を強く印象付けたいときに向いています。

●ウインザーノット

正三角形に近く、セミ・ウインザーノットよりもさらに結び目は大きくなります。ワイドカラーに合わせるのが基本ですが、顔や体型が大きめの人に似合います。

どの結び方にも共通する注意点は、

- ディンプル（結び目のすぐ下に、意図的つくる装飾用のシワ）をしっかりとつくること
- ワイシャツの首元のボタンは必ず留めること（ボタンダウンやスナップダウンの場合、そのボタンも留める）
- 結び目をだらっと下に下げないこと
- 結び目を前方に出して立体感を出すこと

です。

ネクタイが相手に与える印象は、非常に大きいのです。

本書では以下にプレーンノットと、ウインザーノットの結び方を紹介します。

ネクタイの結び方①

プレーンノット

❶

大剣を長めにとって大剣が前に、小剣の上になるように交差させる。小剣の長さはベルトにかかるぐらいを目安に。

↓

❷

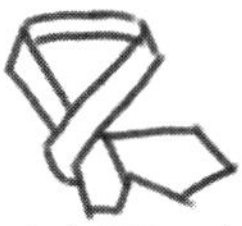

上に重ねた大剣を、小剣の下から巻くように1周させる。

↓

❸

大剣を右下からのど元に通す。

❹

大剣の先からループになっているところの上から下へ、引いて通す。

↓

❺

結び目の下を押さえて、ディンプルとなる溝をつくる。大剣を引いて結び目をきれいに整える。

ネクタイの結び方②

ウインザーノット

❶

大剣を長めにとって大剣が前に、小剣の上になるように交差させる。大剣を右側の胸元に下から通し、右胸側に持っていく。

❷

大剣の先を巻きつけた裏で交差し、その先を左側の首元にもっていき、上から通して左胸側にもっていく。

❸

大剣の先を右胸側に持っていき、真ん中の結び目の上で交差させる。

❹

大剣の先を右側の首元の下からくぐらせ、中心の逆三角形の結び目に上から通す。

❺

結び目の下を押さえて、ディンプルとなる溝をつくる。大剣を引いて結び目をきれいに整える。

12 ネクタイはワイン系とブルー系の2パターンを持ちましょう

ネクタイの色選びでイメージは大きく変わります

ネクタイを選ぶ要素に、色、柄、素材などがありますが、なかでも色はあなたの印象を大きく左右します。

ビジネス用であれば、ワイン系とブルー系で揃えることをおすすめします。なぜなら、この本ではシャツが白かピンクかブルー、スーツが紺、と決めているからです。

これらのシャツとスーツに、ワイン系とブルー系の2色を合わせると、ビジネスシーンでも失敗することはありません。

色彩心理学では、

●ワイン系（赤・えんじ色・ボルドー）

情熱的。温かい。親しみやすい。

あなたの人格や人柄を前面に出しやすい色です。

●ブルー系（水色・青・紺）

知的。論理的。合理的。

あなたの知識や専門性を出しやすい色です。

原則として、ピンクのシャツのときはワイン系、ブルーのシャツのときはブルー系と、同系色の濃淡になるように合わせるとよいでしょう。白のシャツにはワイン系、ブルー系、どちらもOKです。

ネクタイピンは必要でしょうか？

ネクタイピンを使っても使わなくても、ビジネスシーンでは問題はありません。あくまでも機能性を重視して、必要な方は使用しましょう。

スーツ量販店で売っているもので十分です。メタリックな無地のものをひとつ選んでください。どのようなワイシャツ、ネクタイにもなじみます。

キャラクターや、変わった模様、派手な色使いのものなどは避けてください。

ネクタイの柄にも伝統があります

色使いが良くても、奇抜だったり、派手すぎる柄はビジネスには向きません。ネクタイの柄にもドレスコードがあるので、解説します。

●無地

改まったフォーマルシーンから、日常のビジネスまで幅広く使うことができます。素材の良し悪しがそのままストレートに伝わるので、無地のネクタイほど良質に見えるものを選んでください。肉厚の織柄、シルクの光沢素材、ポリエステルでも上品な光沢のもの。色や素材にこだわって選ぶことがポイントです。

●ドット

伝統的な柄で場所を選ばず、一年を通して使え、春夏で着用すれば涼しげな印象を与えることができます。ビジネスシーンでは、小さなドット柄を選んでください。

●小紋柄

誠実な印象を与えます。柄が大きいとカジュアル、小さいとクラシックな印象になります。ビジネスシーンでは、小さな柄を選びましょう。

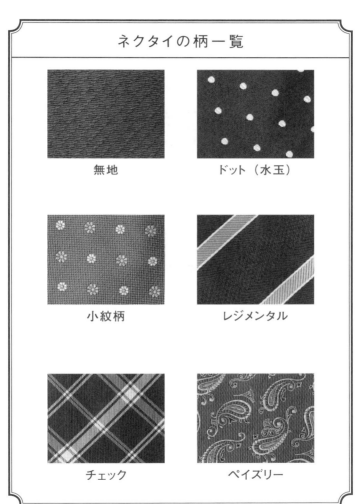

ネクタイの柄一覧

無地

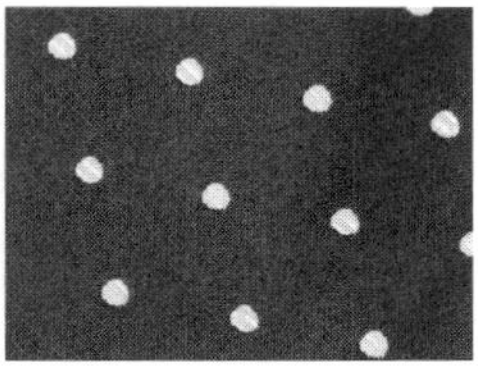

ドット（水玉）

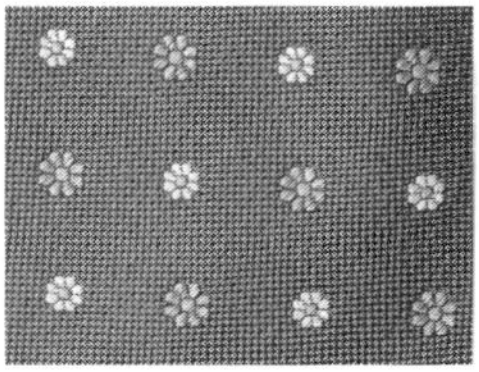

小紋柄

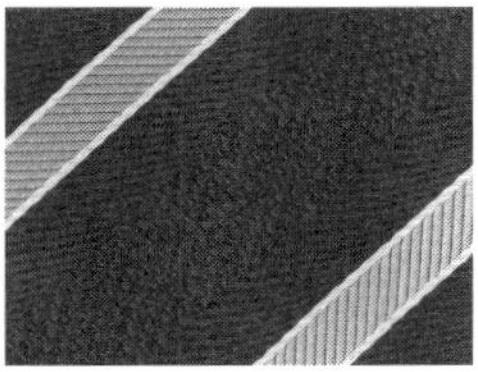

レジメンタル

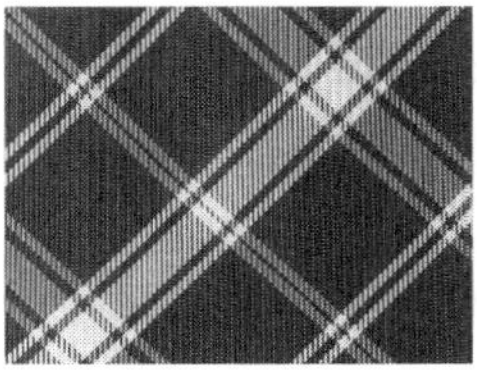

チェック

ペイズリー

●レジメンタル

フレッシュで、知的な印象を与える定番の柄です。ただし日本では定番なのですが、もとは軍隊の流れをくむ柄なので、海外では特定のグループ（大学など）に所属しているという意味を持ちます。海外の方とのビジネスの場では使用を避けてください。

●チェック

カジュアルで親しみやすい印象を与えます。ビジネスシーンではチェックに使われている色数が少ないものを選んでください。

●ペイズリー

イランやインドで生まれ、イギリスに伝わり、ネクタイに使用されるようになった古典柄ですが、個性的な印象を与えます。柄の大きさや色の組み合わせ次第で着用する人の存在感を引きたてます。光沢加減や織柄にバリエーションが豊富です。あらゆるシーンで幅広く使うことができます。表面に地模様があり美しい光沢のネクタイはスーツスタイルに品格を与えます。

※ ニットタイ

フォーマルなスーツを着る場合は原則としてＮＧですが、夏場のクールビズでジャケット・パンツを着る際には、１本持っておきたいデザインです。

これがＶゾーンのコーディネート例です

ネクタイを買いに行く際には、いつも着ているシャツとスーツを着て行きましょう。
実際に首元にあててみて、鏡で確認することを忘れないでください。
普段使うネクタイは、スーツ量販店の５０００円程度のものを一つの目安とします。
ジャケットの前開きから襟元にかけて、Ｖ字型になっている部分をＶゾーンと呼びます。ワイシャツの色・襟の形と、ネクタイの色・柄でＶゾーンは無限に変化させることができます。同じスーツでも、シャツ、ネクタイとの組み合わせで何通りにもコーディネートすることができるのです。
Vゾーンのおすすめコーディネートをいくつか挙げておきます。

●ピンクのシャツの場合

無地のシャツの場合、ワイン系の小紋、あるいはワイン系のストライプ。
シャツにストライプがある場合は、ワイン系の無地か、ワイン系の小紋。

●ブルーのシャツの場合

無地のシャツの場合、ブルー系の紺地に白のドット（水玉）。あるいは濃紺と白のレジメンタル。
ストライプのシャツの場合は、ブルー系の無地、または小紋。

ストライプのシャツに、レジメンタルやチェックのネクタイという柄×柄の組み合わせは避けてください。また、小紋の模様やストライプの線の中に、スーツと同系色

Vゾーンのおすすめコーディネート（ピンクのシャツ）

無地×チェック

ストライプ×小紋

無地×レジメンタル

ストライプ×ドット

Vゾーンのおすすめコーディネート
（ブルーのシャツ）

無地×ドット

ストライプ×無地

無地×レジメンタル

ストライプ×小紋

（紺）が入っていると、色味がきれいです。
シャツが白無地の場合は、オールマイティです。

整理すると、必要なネクタイは、
（ワイン系）小紋1本、レジメンタル1本、無地1本。
（ブルー系）ドットか小紋どちらか1本、レジメンタル1本、無地1本。
となります。これらの中から5本用意しておきましょう。

ネクタイの長さが合わなくて困っています

ネクタイの、幅の広いほうを大剣、狭いほうを小剣と呼びます。せっかく結んだのに、小剣の下が大剣よりもはみ出てしまい、何度も結びなおす——よくある光景ではないでしょうか。

まず覚えていただきたいのは、大剣の先が、ベルトに少しかかるくらい。

これがネクタイの長さの「ルール」であり、いちばんバランスが取れて見える長さだということです。

市販されているネクタイのほとんどが、身長175センチくらいの人を想定してつくられています。したがって、身長がそれ以下の人の場合、小剣が余りますし、もっと身長が高い人だと小剣が短くなります。

多くの男性が勘違いしているのが、「大剣と小剣の長さをできるだけそろえて、なおかつ小剣がはみ出さないようにする」という思い込みです。

大剣と小剣の長さのバランスではなく、「大剣の先がベルトの先に少しかかるくらい」を優先してください。

小剣が余ったら、大剣の裏にあるループ（タグのようなもの）にくるっと引っ掛けて隠せばよいのです。

また極端に小剣が短くてちらちら見えてしまうようなら、ネクタイピンで留めましょう。

ネクタイの長さは、意外に印象を左右するものです。大剣と小剣の長さを

ネクタイを結んだときのちょうどよいバランス

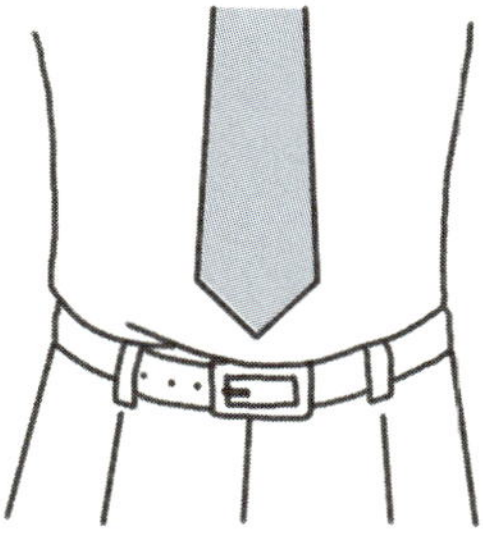

×

大剣が短すぎる

○

バランスのよい
大剣の長さ

（大剣の先がベルトに
かかるくらい）

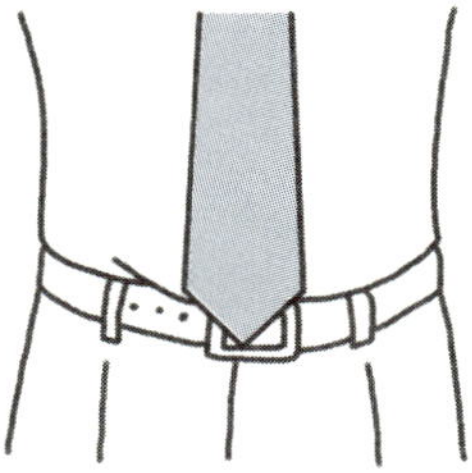

※ネクタイの長さはベルトの中心からベルト下
2〜3cm程度の範囲までがバランスがよい。

×

大剣が長すぎる

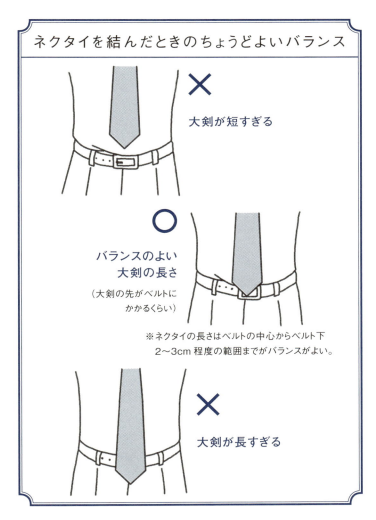

合わせようとして、全体が下に下がったり上がったりするよりも、大剣の長さを決めて、小剣をうまく隠すほうが、はるかにスマートに見えます。

ポケットチーフの使い方を教えてください

ポケットチーフは19世紀の初め、当時はカジュアルウェアだった燕尾服やモーニングコートが礼装として格上げされ、白の朝のハンカチーフを胸に挿したのがはじまりとされています。——世界各国の首脳が集まる会議の出席者は、ポケットチーフをしないことが多くなりました。世界的にも、ポケットチーフはしなくてもよいというのが「ルール」になりつつあります。ビジネスシーンでは、自分のアイデンティティを強調したいときに、さりげなく使うと効果的です。

また、クールビズでノーネクタイの場合は、ポケットチーフを入れることで、ネクタイを着用しているようなきちんとした印象を醸し出すことができるのでおすすめします。

色、柄、素材はいろいろありますが、基本は、白無地の麻のものです。

いくつかの折り方がありますが、ビジネスでは「ＴＶフォールド」だけ、と覚えておいてください。

「ＴＶフォールド」という呼び名は、アメリカのテレビに出演するニュースキャスターがしていたことが由来です。

ビジネス向きのポケットチーフのたたみ方

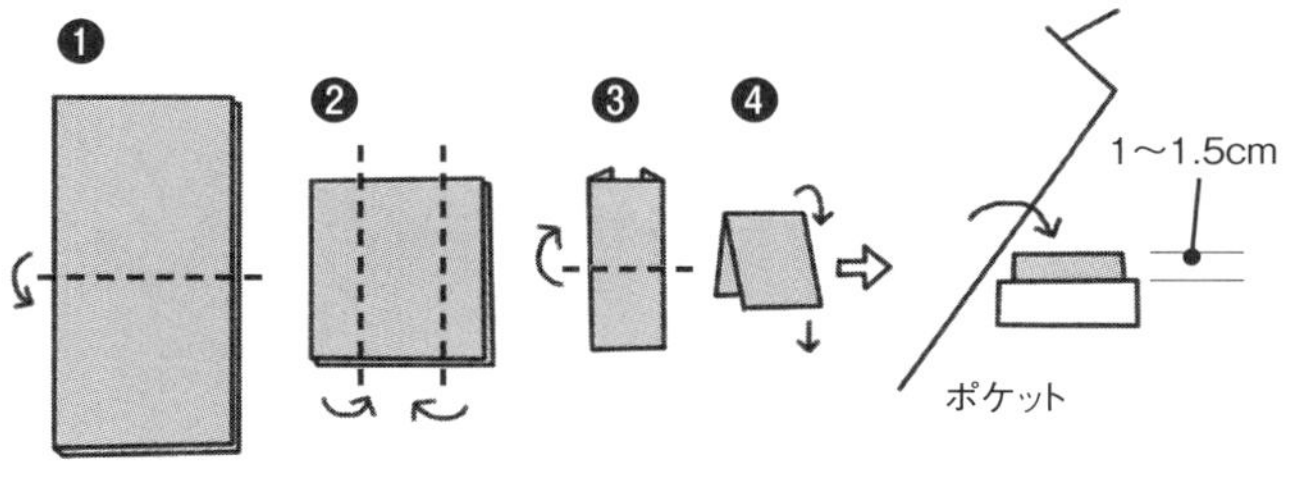

※❹のように折り目を上にするのは、通常のたたみ方と上下が逆ですが、きれいにポケットに収まります。チーフは白無地で麻生地のポケットチーフを選びポケットから１〜1.5cm ほど出すのが基本です。

13

靴、ベルト、バッグは2系統で揃えましょう

スーツに合わせるベーシックな靴のデザインは4種類です

雑誌等には、ときどき「スーツを買う前にいい靴を買いなさい」と書いてあります。これは何を意味しているかというと、「いい靴を履いていると、自然とそれに見合ったスーツを着るようになる」「案外、他人は靴を見ている」ということでしょう。まさにそのとおりです。「銀行マンは相手の靴を見て融資の判断をする」と言う人もいます。まさに「足元を見られている」わけです。

靴、さらにベルト、バッグの3点は、時にはスーツの印象を覆すほどの力がありま

靴とベルト、バッグのマトリクス

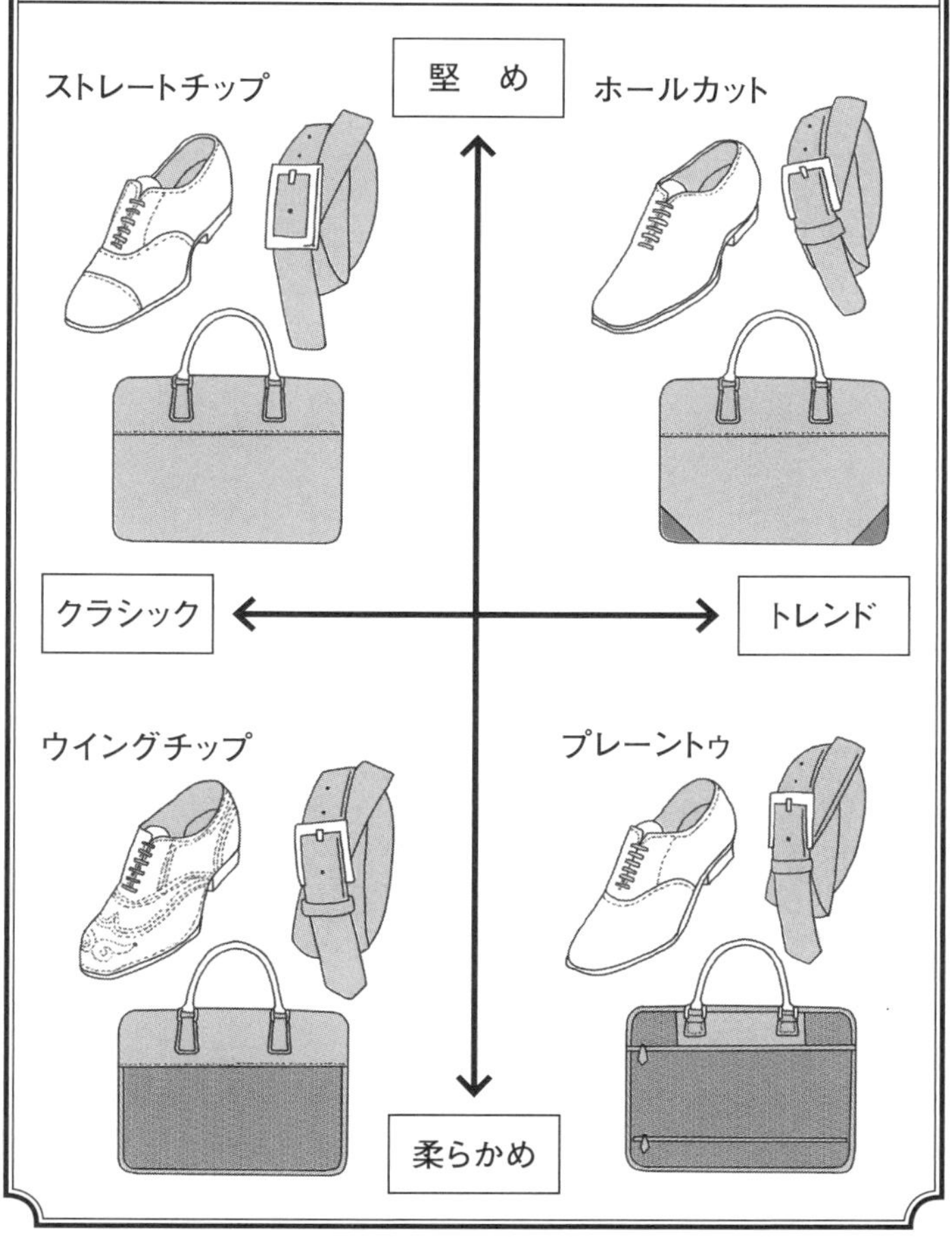

す。かといって、いきなり靴を買うのは、ビジネススーツの知識が少ない人には冒険です。

私は、まずスーツを決めて、それに合う靴を選ぶことをおすすめします。とくに本書でおすすめしたように、スーツが「ルール」に則って、ベーシックな紺系で統一されているという前提だと、選ぶべき靴が絞り込まれます。

靴にもさまざまな種類がありますが、伝統的でベーシックなスタイルは、

● ストレートチップ
● ウイングチップ
● ホールカット
● プレーントゥ

の4種類です。すべてひもつき。これ以外の、たとえばローファー、スリッポンなどは、ビジネスシーン、とくにスーツ着用の際には不適切、時にはマナー違反になると考えてください。

「黒系統」「茶系統」の2種類があれば万全です

靴とベルト、バッグは同系色で揃えるのが基本です。濃紺のスーツに合わせる場合、ミッドナイトネイビーのスーツには黒のストレートチップが、フォーマル度が高い組み合わせです。

2足目は暗めの茶色の靴（残りの3種類のデザインのうちどれか）を買うことをおすすめします。靴を2足用意して、交代で履くことによって、日々印象が変わるだけでなく、靴の寿命も長持ちするので一石二鳥です。

そして、それぞれには、同系色のベルトとバッグを用意します。これで「黒系統」「茶系統」の2種類の3点セットが揃うことになります。

1足は、百貨店、またはビジネスシューズの専門店で、3万～5万円の上質な革靴を購入してください。

これはスーツ選びの際と同様に、「本物」を知っていただきたいからです。百貨店や専門店には、足の疾病予防の観点から、正しく合った靴を販売する専門家である「シューフィッター」がいます。右と左のサイズの違いを計測して、あなたの足の形にぴったり合ったサイズ・デザインの靴を提案してくれます。

迷わず「シューフィッターの方を呼んでください」とお願いしてください。

足の形は人それぞれです。幅や甲の高さ、指の形――シューフィッターは靴の専門家ですから、同じ黒のストレートチップでも、さまざまなメーカーの違いを知っています。

日本人のお客様の多くは、最終的にリーガル（日本の代表的な靴メーカー）に落ち着くことが多く、日本人の足の特徴に合った靴づくりをしているということでしょう。

革底の靴は、購入時にかかと（ヒール）にラバーを貼っておくと、すべり止めになり、長く履き続けられるようにもなります。

靴はシューキーパーを入れて保管しましょう

革製品は、生き物です。毎日のちょっとした手入れで、長く、きれいに使うことができます。

まずは、シューキーパーを買ってください。１０００円台からさまざまな種類が揃っています。

帰宅したら、まず軽く表面を拭いて、シューキーパーを入れましょう。表面のシワが伸び、型崩れを防ぐことができます。

靴の磨き方については、ここでは詳しく触れませんが、週に１回は、ブラシをかけてクリームを塗ってください。

革靴は１日おきに履き替えます。１日履いたら１日シューキーパーを入れて休ませる。これが原則です。

バッグも意外と汚れるものです。できればぜひ、１日に１回、軽く拭いてください。

靴やバッグの手入れは、スーツに比べてついつい後回しにしがちですが、愛着を持って、ていねいに扱うと長持ちします。

ベルトは靴とセットで買いましょう

ベルトは靴を買うときに一緒に購入するとよいでしょう。販売員に「この靴に合うベルトはどれですか?」と聞けば、いくつか提案してくれます。

黒の靴には黒のベルト、茶色の靴には同じ茶色のベルトです。ただし、靴もベルトも明るい茶色は目立ちすぎますので、暗い色を選んでください。

ベルトにも、ビジネスには向かないNGデザインがあります。いくつか挙げてみましょう。

- 全体が編み込みでできているもの
- 目立つステッチが入っているもの
- 極端に幅が狭い(広い)もの

● 穴が2段になっているもの
● ベルト全体に穴があるもの
● バックルが大きすぎるもの（ベルト幅より大きいものはＮＧ）
● バックルにデザインが入っているもの（ブランド名入り、金ぴか、銀ぴかなど）

ベルトの穴は5つがルールです。そして、3つ目、つまり中央の穴を使います。ほとんどのベルトは長さの調節ができますので、中央の穴で調節してください。

バッグは原則として手持ちのデザインを

バッグ選びは悩ましいものです。というのは、職種によって、持ち運ぶものの量が異なるからです。

基本のビジネスバッグは、手持ちのベーシックな四角い形のブリーフケースです。

全体にしっかりしていて、自立する硬さのあるものです（置いたときにふにゃっと崩れないもの）。

リュック、ショルダーはなぜNGなのかというと、スーツのラインが崩れ台無しになるからです。スーツは肩のラインが命です。リュックやショルダーは、このラインを崩すことになるだけでなく、肩の布地が擦れてスーツのジャケットの寿命を縮めます。

荷物が多い場合は、ブリーフケースのほかにキャリーバッグを使うのがよいでしょう。さまざまなサイズがありますから、持ち運ぶ荷物の量に応じて選ぶとよいでしょう。ブリーフケースとキャリーバッグの組み合わせは、出張の際にも役立つはずです。

バッグの素材は、本来は革でできたものがフォーマルなのですが、革製品はきちんとこまめに手入れをしないと、擦れによる色落ちや汚れが目立ち、かえって失礼になります。

ナイロン製で、一部に革を取り入れたデザインなら良いでしょう。厚いナイロン素材で、フチ取りが革になっているものを選ぶとよいでしょう。

靴下にも気を配りましょう

スーツの足元から見える靴下の色は、スーツと同色、もしくは同系色が基本です。靴下にまで気を配って、はじめてビジネススタイルが完成すると考えてください。

いま、あなたのクローゼットには、紺系で色合いが違うスーツと、黒と濃い茶色の靴があります。

明るめのミディアムネイビーのパンツと、濃い茶色の靴を組み合わせた場合、靴下の色は紺で合わせます。

靴下のベーシックな「ルール」は、ひざ下までのロングソックスです。すね、すね毛が見えないようにするのがスーツのマナーです。ロング丈であれば、足を組んだりしてパンツの裾が上がったときにも、決してすねが見えないのです。

黒に近いミッドナイトネイビーの紺スーツのときには、黒無地の靴下、明るめの紺スーツのときには、紺無地の靴下です。必要に応じて何本か用意してください。スーツ量販店などでも販売されている「着圧ソックス」もおすすめです。ふくらはぎのあたりまで長さがあるものも多く、足のむくみも軽減されます。

「真夏にロングソックスは暑いんじゃないか」という声が聞こえてきそうですが、素材を変えることで解決できます。春秋冬は綿の入ったもの、夏場はポリエステルのものと、はき替えてみてください。素材によってロングソックスであってもオールシーズンに対応できます。

ただし、素材が薄すぎるもの、つまりすね毛が透けて見えるようなものはNGです。わざわざロングソックスにした意味がありません。

そのほか、柄物、色物、かかとやつま先だけ色がついたもの、ワンポイントが入ったものなどは、すべてNGです。

腕時計はどのようなものを選ぶとよいですか？

男性の腕時計は、奥が深い世界です。趣味として腕時計をコレクションする、あるいはこだわりを持っている方も多いでしょう。

一般的なビジネスシーンにおいては、茶色か黒の革のベルトが基本です。職種や会う相手にもよりますが、あまりに目立つ時計（大きすぎる、金ぴか、ダイバーズウオッチ、キャラクターものなど）は避けてください。ワイシャツの袖の中に収まるくらいの厚さで、過剰なデザインでないものをおすすめします。あくまでもさりげなく、主張しすぎないことです。

最近では携帯電話やスマートフォンを時計代わりにして、腕時計をしない人が増えていますが、商談の最中にポケットやバッグからスマートフォンを取り出して時間を確認するという行為は、嫌がる人もいるということを認識しておいてください。

ビジネススーツはどこまで略礼服として着ることができますか？

その場のドレスコードによりますが、結婚式、披露宴、パーティなどの慶事であれば、ミッドナイトネイビーのスーツは十分、略礼服として使えます。ダークなスーツは、フォーマル度が高いのです。

お祝いの場であれば、シルバー系のネクタイがあると、ぐんと格式が高くなります。日常使いのスーツであっても、きちんと手入れがされていれば、そのまま出席しても違和感はありません。

問題は、弔事です。この場合、光沢のある生地はＮＧです。マットな（光沢のない）黒のフォーマル用のスーツを、弔事に備えて１着用意しておきましょう。

第5章

ネクタイ不要なオフィスが増えている!?失敗しないジャケパンスタイルの基本

14

ビジネスで相手に好感を持ってもらうジャケパンスタイル

センスではなくルールに則ったジャケットを

近年、クールビズの影響もあり、ビジネスのシーンにジャケット＋パンツ（以降ジャケパンと呼びます）を取り入れるビジネスマンも増えてきました。クールビズは2005年、日本が世界に先駆けて導入した「ノージャケット・ノーネクタイ」を推進するキャンペーンから始まったものです。しかし、ただ単にネクタイを着用せずに、ジャケットやパンツを組み合わせればいいというものではありません。「センスがないと難しいのでは」というイメージがありますが、実はジャケパンのスタイルにもある一定の「ルール」が存在します。

ルールを知らないまま、自己流の解釈でジャケパンを揃えてしまうことで、相手に不快な思いをさせてしまったり、軽薄な印象になってしまう方をたくさん見かけます。

また、クールビズの秋冬版として、ウォームビズを取り入れる企業も増えてきました。低い室温の中でも快適に過ごすための服装として「働きやすく暖かい」ウォームビズでも、ビジネスで着ることを念頭に置いた、相手に好感を持ってもらうための押さえておくべきポイントが存在します。

クールビズ、ウォームビズともに、ジャケパンのスタイルでスーツのジャケットをそのまま着るのはNGです。ビジネスのシーンで着るべきジャケットは、紺のジャケットが基本となります。ここで重要なのは、「ブレザーではなくジャケットを選ぶ」ということです。「ボタンが金色など派手なもの」「ジャケットの腰のポケットがパッチポケット」「胸元にエンブレムがついている」ブレザーは、相手をリスペクトする

というビジネスファッションとしてふさわしくありません。ビジネスに向かないブレザーではなく、ルールに則ったジャケットを選びましょう。

「ルール」から逸脱したシャツが増えてしまいました

クールビズやウォームビズの着こなしで問題だと思うのは、主にシャツです。クールビズが導入されて以降、メーカーが、過度にデザインされ基本を逸脱した「ルール違反」のシャツを次々と売り出しました。

「ノーネクタイだと首元がさみしいから」

「ノージャケットで無地のシャツだと面白みがないから」

とでもいうように、過剰にデザインされたシャツが巷にあふれました。

また、国策とはいえ、ネクタイ・ジャケットが必要な場面もあります。とくに国際儀礼「プロトコール」にそったドレスコードが必要な場面では、クールビズは通用しません。

高級リゾートホテルのメインダイニングでは、スマートカジュアルというドレスコードを設けていることがあります。男性は襟付きシャツに長ズボン、サンダル以外の靴が求められます。

ヨーロピアンリゾートなどでは、七分丈のパンツもNGとされることがあります。ジャケットまたは長袖シャツを着用としているところもありますが、リゾートホテルの場合はジャケットまではなくてもよいと思います（ジャケットを着ていないからといって入店を断られることは、よっぽど格式の高い店以外で起こりません）。

ドレスコードは「ルール」だけではなく、お客さんに恥をかかせないための案内という側面もあるのです。

「衣替え」はきちんと行いましょう

もう1点、問題があります。それは、クールビズ用のシャツを、1年中着る人が増えてしまったことです。冬でもスーツにノーネクタイという人も増えています。

本来、クールビズは夏場だけのもの。期間を過ぎれば元のビジネススーツのスタイルに戻るべきなのに、ずるずると1年中、「ルール」から外れたルーズな服装をする人が増えているのです。

日本にはそもそも「衣替え」という習慣があります。学校でも、6月1日と10月1日をもって制服の衣替えとされています（地域によって異なります）。

衣替えの習慣は平安時代にまでさかのぼり、季節の移ろいを衣に移し、花鳥風月を愛でたのです。現在の衣替えは、季節に対応した衣服を身につけるという意味へと変化しています。

本書でお伝えしてきた、勝負用のミッドナイトブルーのビジネススーツは、オールシーズン、どのような季節でも使えます。大切な取引先に出向くとき、重要な謝罪の場も大丈夫です。なぜなら、国際儀礼「プロトコール」のルールを基本としているからです。

プロトコールは、歴史、文化、言語などの違いから、誤解や不信、無用な争いを避けるために、相手への敬意と、すべての国を平等に扱い、外交を円滑に進める環境づくりのための知恵として生まれました。

主に国際的行事を企画、実施する主催者側が示す公のルールという面が強いのですが、正式な国際交流の基本原則となるものですから、ビジネスや個人間の交流を円滑に進めるうえでも重要です。

プロトコールといっても、特別に堅苦しいものではなく、その基本は個人の場合と同様、相手に不快な思いをさせない、迷惑をかけない、好感を持っていただく、というごく当たり前のことなのです。これらのルールは、時代や国、民族によって細かい違いも出てきますが、最低限度かつ共通の約束ごとは、頭に入れておきましょう。

冬場のウオームビズはどうしたらいいですか？

冬場のウオームビズでは、ジャケットの下に薄手のウールのベストや、Ｖネックのセーターを着るのは、フォーマル度の高いビジネスシーンではＮＧだと考えてくだ

さい。

ウォームビズで避けなければならないのは、寒いからといって着こみすぎて着ぶくれしてしまうことです。

ジャケパンスタイルならば、ボタンダウンシャツの上にニット素材のベストを着用したり、保温性の高いウール素材のパンツを選ぶともたつかず、すっきりします。

近年増えている、薄手で保温性の高い機能的なインナーを着るだけで、温かさが断然違ってくるので、すっきりしたスタイルのためにおすすめです。

また、ネクタイを着用する場合などに、スーツの中に目の詰まったハイゲージのウールのベストか薄手のカーディガンを着ると着込みすぎを避けることができます。

15
ジャケパンスタイルにふさわしいシャツを買いましょう

長袖シャツは手持ちのもので十分です

ここまで、ベーシックな「ルール」に則ったシャツ、スーツ、ネクタイ、靴、バッグ、ベルトなどの揃え方をお伝えしてきました。クールビズは、そのままジャケットを脱いで、ネクタイを外すだけでよいでしょうか。

答えは、NOです。シャツやスーツの素材は夏に対応するものに変えてください。

ノーネクタイですから、ワイシャツの首元のボタンは外します。1個のものと2個のもの（台襟が高いデザインのドゥエボットーニ）がありますが、外していいのは首

元のボタンだけです。もうひとつ下の胸元のボタンを外すのはNGです。
しかしビジネスでは、いつ何時、どのような人に会うかわかりません。「いざ」というときのために、ジャケットとネクタイは常に持ち歩くのが基本です。

ノージャケットが基本のクールビズでは、ニットタイを1本持っていると、軽装にも合います。ただしニットタイはかなりカジュアル寄りですから、場に応じて、着用の可否を判断してください。

ニットタイは、シルク100%のものを選んでください。

●無地でライトブルー（涼しげな印象になります）、または濃紺
●濃紺に白の水玉

は、ネイビー系のスーツにはおすすめです。

半袖シャツを買いましょう

日本の酷暑を長袖シャツで過ごすのは、現実的ではありません。クールビズにおいては、ノーネクタイという前提で半袖シャツもＯＫです。何枚か購入しておきましょう。長袖シャツの腕まくりというのは、完全にＮＧな着崩しスタイルです。腕まくりをするくらいなら、半袖シャツを着るべきです。

ただし、ここで多くの人が間違ったシャツを買ってしまいます。これには商品化する側にも問題がありますが、クールビズ商戦にあやかろうと、「ルール」違反の半袖シャツが店頭にこれでもかと並べられているからです。最近はその傾向にも歯止めがかかりつつあります。販売する側も「これではいけない」と気がつきはじめたのです。

ノーネクタイの場合、シャツの襟の形には気を配りたいものです。

●白無地で織柄の入った、ボタンダウン

●白無地で織柄の入った、スナップダウン

ボタンダウン、またはスナップダウンをおすすめする理由は、ネクタイをしなくても襟元の型が崩れにくいからです。

素材は、「オックスフォード」をおすすめします。ボタンダウンシャツによく用いられる伝統的な定番の生地です。比較的厚手で、織り目がはっきりしているのが特徴です。さらに肌触りがソフトで、通気性があります。

半袖シャツのNGデザインは、長袖ワイシャツを選ぶときとまったく同じです。とくにボタンホールに違う色を使ったり、襟にステッチやストライプが入った基本のデザインから外れているシャツも多いので注意してください。

自分が暑いから「クールビズ」、ではありません

シャツの下には必ず下着を着てください。ユニクロ等でも、クールビズ用の、汗を吸いやすく、乾きやすい下着を売っています。

クールビズとはいえ、ビジネスファッションは「相手をリスペクトする」ことが原則です。自分が暑いからではなく、相手に涼しげな印象を与えるために着るという目的もクールビズだと心得てください。

汗だくになって、相手に不潔な印象を持たれるようでは失格です。

また、ジャケットを着ないときこそベルトを意識してください。自分で思っている以上に目立ちます。

いつものベルトで十分ですが、使用感が目立ち、サイズが合わなくなっていたりしたら、クールビズのシーズンが始まる前に買い替えましょう。

16

夏場こそ「ジャケパン」スタイルをおすすめします

機能性があって「ルール」に則った夏用ジャケットを買いましょう

夏場も、本書でおすすめした基本のスーツで大丈夫、とお話ししましたが、オールシーズン対応のスーツで夏場を過ごすのには、やはり限界があります。

そこで、夏のクールビズの時期だけ着るスタイルとして、ジャケパンのスタイルをおすすめします。

オールシーズン用とは違う、涼しい素材、生地が選べること、次に、洗濯しやすいという機能面を重視することができます。

スーツは、上下揃ってスーツです。ここでは、ジャケットとパンツを別々に購入しましょう。

ジャケットは、洗える素材の夏物。濃紺で無地のものです。裏地は「背抜き」といって、半分しかついていないものを選びましょう。機能性繊維を得意とするスーツ量販店には、毎年、クールビズ用の素材のジャケットが数多く揃います。

ブレザー、金などの派手なボタンのもの、チェック等の柄物は避けてください。既製品で、2万円前後のものでよいでしょう。

ブレザーはジャケットの中のひとつの種類です。「チーム」を表すジャケットで、学校の制服などにはチームのエンブレムがついています。ブレザーは本来、ビジネスには向きません。

ジャケパンスタイルとはいえ、ビジネスファッションの「ルール」を逸脱していいわけではありません。ビジネスに向くジャケットと、向かないジャケットがあるのです。

グレーの夏用パンツを2本買いましょう

次に、濃紺のジャケットに合わせるパンツです。原則として、ジャケット購入時に、パンツも一緒に買うのが良いでしょう。上下の色のバランスを確認することができるからです。

グレーの無地で、明るめのライトグレーと、中間的なミディアムグレーを選んでください。

「夏用（裏地が小さくて涼しい素材）」で、「センタープレス（正面にプレスラインがある）」「洗える素材」のもの、と販売員に伝えてください。2本買うのは、洗い替え用です。

スーツ量販店の既製品で、1本8000円くらいで買えるはずです。

忘れてはいけないのは靴下。グレーのパンツですから、グレーの靴下を合わせましょう。夏用の素材のものを何足か揃えておきましょう。

これで、ノーネクタイのジャケパンスタイルが完成です。

濃紺のジャケット、（原則）白のシャツ、ノーネクタイ、グレーのパンツの組み合わせです。

ジャケットは常に着ていなくても、手に持っていれば格式の高いホテル、レストランもＯＫです。

また、ノーネクタイの「ジャケパン」の場合、ポケットチーフを使うと「きちんと感」が出ます。基本は白無地、麻生地です。

おわりに
ファッションのルールは学校では教えてくれません

ファッション誌を鵜呑みにしないでください

数年前のことです。とある男性向けのファッション誌をめくっていたところ、ビジネスファッションのルールのうえで、「あり得ない！」ビジネススーツのコーディネートが提案されていて、心底驚いたことがありました。

若くてスタイリッシュなモデルが、茶系のチェック柄のスーツに華やかなネクタイ、ポケットチーフを胸元から大きく覗かせ、パンツはぴったりとした細身、裾はかなり短め。足元にはシュッと先がとがった靴を履いていました。

アパレルショップの販売員であるならまだしも、世間一般の企業でこのような格好の社員がいたら、即座に退場を言い渡されるでしょう。ビジネス街をこのコーディネートで歩いていたとしたら、まさに赤面ものです。

これを鵜呑みにする人がいたらあまりに危険だと思ったので、その雑誌の編集部に電話をかけてみました。

「ビジネスマンが、本当にあのようなファッションでいいとお考えなのですか？」

電話は編集長に回されました。

「ご意見はごもっともです。しかし、われわれの雑誌に広告を出してくれているクライアントの意向もあるので、今回のようなスタイリングを載せないわけにはいかない事情がございまして……」

すべてがそうだというわけではありませんが、これがファッション誌の裏側にある現実です。

つまり、ファッション誌には「洋服を売るための媒体」という側面もあるのです。ですから、雑誌に掲載されている情報を頼りにして「まったく同じものを着ていれば大丈夫」「いまどきのスーツはこんな感じもありなんだな」という、安易な意識で真似をするのは危険なのです。

そこに完全に抜け落ちているのは、本書で繰り返しお伝えしてきた「基本のルール」でもある国際儀礼なのです。

「なんちゃって」スタイリストにだまされないでください

さらに心配していることがあります。

近年、個人のクライアントのために、服を選び、コーディネートをすることで、自ら「パーソナルスタイリスト」「ファッションコーディネーター」を名乗る方が急増しています。

そうしたスタイリストの中には、スーツに関する専門知識やルールをほとんど学ぶことなく、ファッション誌などの提案を参考にして、「いまトレンドなのは、これですよ」とアドバイスする人も、かなりたくさんいるようです。

本来、スタイリストの仕事に就くためには、専門的な服飾知識を学ぶ必要があります。とくに男性のファッションは、9割がルールと言っても過言ではありません。

ですから、スタイリストを養成するスクールや服飾専門学校で、私が生徒に対して教えるときには、「ファッション誌は教科書ではなく、副読本です」と伝えています。先ほどお話ししたように、ファッション誌は、裏側の事情を知ったうえで参考にするべきものです。

にもかかわらず、雑誌などを根拠にして「これがおしゃれ」と思い込んでいる「なんちゃって」スタイリストがいるのも事実です。本格的な知識を学ぶ機会を持たないまま、民間の協会から何らかの資格などを手にし、仕事をスタートさせるケースがほとんどのようです。

実際に、私のところにスタイリングにいらしたお客様が、明らかにビジネスのルールを逸脱したコーディネートでスーツを着用していることが増えています。

「なぜ、このスーツを選んだのですか？」

と聞くと、

「前に頼んだスタイリストさんが、これがおしゃれだと言うので……本当に、これで大丈夫ですか？」

と聞き返されます。

これでは、お金を払ってスタイリングを依頼した、お客様の品格やビジネス上の評価を下げることにもなりかねません。時にはビジネスの場で恥をかいてしまうケースも起こりうるのです。

日本のファッション市場は独自の進化をしています

「服装とは文化であり、そこには長い時間をかけて培われてきたベーシックなルールがある」――いまでこそ繰り返しこのように伝えていますが、実は、私自身、ファッション誌の情報を鵜呑みにして赤面するような大失敗を体験したことがあります。

24歳で生まれてはじめてパリを訪れたときのこと。当時、日本の女子の間では、「an・an」や「non-no」といった雑誌が花盛りでした。自称「ファッショニスタ」の私は、それらの雑誌の信奉者のひとりでした。

日本のファッション誌で「今期のトレンド最前線」と紹介されていたとおりに、足元はソックスをはいてヒール靴。最先端気取りでうきうきしながら、あこがれの、有名な某高級ブランドショップの本店に行きました。

店内では着飾ったマダムたちが大きなソファに腰かけ、優雅に紅茶を飲んでいて、周りには数多くの洋服がかけてあり、店員は次々と新しい服を差し出していました。

でも、店の扉を開けた瞬間に「間違えた！」と感じました。その中のマダムが私の足元を見て笑い出したのです。パリに到着して、ヒールにソックスをはいた人などひとりもいなかったのです。

生まれてはじめて、「日本で流行っているファッションは、すべてが世界に通じるものではない。むしろ世界から見たら恥ずかしい格好をしているのかもしれない」と気づいた瞬間でした。いまから思えば、若気の至りの笑い話ですが、当時の私にとっては大きなショックでした。

雑誌とのかかわり方が変わり、ファッションを学問として学び始めたのもこのことがきっかけでした。「服装には世界共通のルール（国際プロトコール）があり、日本では往々にしてそれがないがしろにされている」と気がついたのです。

日本人はファッションのルールを教わる機会がありません

日本人が洋服を着るようになったのは明治維新以降。戦後を、本格的な洋服文化のスタート地点だと考えると、たった70年ほどのことに過ぎません。

洋服を着る歴史は欧米諸国よりはるかに浅いのです。ビジネスマンの男性のスーツの着こなしも、欧米諸国のように、当たり前のルールが守られている、というレベルに到達しきれていない面があるのも事実です。

戦後の高度成長期に、表層のデザインだけを真似た「とりあえずスーツ」が大量生産され、そのスーツを着たビジネスマンが一気に増えたのです。

当時はそれが、ジャパニーズスタイルともいうべき「ネズミ色のビジネスマン」と揶揄されることもありました。スーツ量販店の黎明期でもありました。


でも、「衣に魂を込める」という和装文化を根底に持つ日本のアパレル業界には「志」がありました。

「日本人も、本来のルール（礼節ある衣服）に則ったスーツを着よう！」――そして、百貨店、スーツ量販店を問わず、真摯な企業努力を重ねて、今日に至りました。「ものづくり大国ニッポン」と称賛される国民性を持った日本発の、現在のスーツ量販店のスーツやシャツは、世界一の費用対効果と称賛されるまでに進化しています。

「スーツは本来オーダーメイドで誂えるものである」というスーツの原点を踏まえながら、テクノロジーを生かしてスーツをオーダーできる、新しい時代に突入しています。

ところが、スーツを買う男性の側には、スーツに対する知識や最低限のマナー、ルールがまだまだ浸透していません。

なぜなら、毎日身につける衣服の知識や、目的に合ったファッションについて、親も学校で学んだことがなく、ビジネススーツの教科書はどこにもないのですから、教えようがありません。

入学式、卒業式といった、いちばん重要な式典に、ジャケパンスタイルにとりあえずネクタイを締め、足元は汚れたスニーカーという男性も少なくありません。

私自身が行う服飾セミナーでも、中高の教育現場に立つ学校の先生から「生徒にファッションをどう学ばせたらよいのか」「どんな服で授業をすればよいのか」「何を着て通勤すればよいのか」という質問が非常に多いのです。

このように男性のスーツ界の事情が刻々と変化していく中で、「流行を追う雑誌ばかりがあふれている世の中に、本当に必要なビジネススーツの基本を示す、教科書に相当する本が必要だ」という強い思いで、本書を執筆しました。

ビジネススーツにはあなたの価値を高め品格を磨く力があります

私は、日本人男性は本来、世界でいちばんおしゃれなのではないかと思っています。戦国時代に富と権力の象徴として身につけられた甲冑は、衣装的見地からも世界的に高い評価と称賛を受けています。

江戸時代後期の歌舞伎役者の身につけた衣装も同様に、海外での人気に陰りは見られません。そのような文化を生み出した根底には「粋」「伊達」「傾《かぶ》く」「わびさび」といった日本人特有の美意識があります。

「衣に魂を込める」儀式として、戦時にも身を整えたかつての日本男児のようにビジネススーツを身に着けてみてください。

服は雄弁です。一瞬であなたの人となりだけでなく、将来の夢や、やりたいこと、なりたいことを相手に伝えてしまうのです。

そしてそれが「信頼」「品格」として身に付き、自分のものとなっていくのです。
本書でビジネススーツの「守」を学んだあなたが、「破」「離」に通ずる戦略的に身纏い、果敢にビジネスに挑めますように。

最後になりますが、本書を執筆するにあたりご協力をいただきました皆様にお礼を申し上げます。表紙、各ページへの写真掲載にお力添えをいただきましたトレンザ株式会社、株式会社今井、青山商事株式会社、株式会社モードセンターの皆様をはじめ、全国の百貨店、スーツ量販店の皆様に感謝申し上げます。

本書「賢いスーツの買い方」が、あたかも有能な執事としてあなたのビジネスを成功に導くことを願っています。

しぎはらひろ子

以下の掲載写真の商品情報については、いずれも税抜き価格となります。

表紙写真……スリーピーススーツ／オースチン リード 19 万円、シャツ／ヒッキー・フリーマン2万6000円、ネクタイ／オースチン リード1万5000円

P 67………………（＊＊1）レギュラーカラーシャツ／サビルロウ5900円、（＊＊2）ワイドスプレッドカラーシャツ／サビルロウ5900円、（＊＊3）ボタンダウンカラーシャツ／ヒルトン5900円、

商品問い合わせ先

オースチン リード、ヒッキー・フリーマン●トレンザ（TEL 072—856—9871）
サビルロウ、ヒルトン●洋服の青山 池袋東口総本店
（TEL 03—5952—7201）

著者紹介

しぎはらひろ子

（しぎはら・ひろこ）


ファッションプロデューサー。服飾戦略家。

一般社団法人メンズファッション協会専門会員。日本ベストドレッサー賞選考委員。一般社団法人ファッションエデュケーション協会代表理事。ミストグレイ代表。文化服装学院グローバルビジネスデザイン科特別講師。

多くの企業でブランド構築、戦略の策定、プロデュース、人材教育にかかわる。

これまで、アパレルスタッフ、スタイリストなど8万5000人に服飾指導を行い、近年はそのメソッドを「服飾戦略＝プレゼンス・マネジメント」と名付け、経営者、医師、弁護士、作家をはじめビジネスパーソンのために「存在感が際立つスタイリング」を行っている。

ファッションをロジカルに説明できる服飾専門家として、日経新聞、朝日新聞、「ZIP!」（日本テレビ系列）など、メディアでも幅広く活躍中。著書に『「成功している男」の服飾戦略』『何を着るかで人生は変わる』（ともに三笠書房）、『「なりたい私」になるクローゼットのつくり方』（宝島社）、『その無難な服では稼げません！　朝5秒の鏡の魔法』（講談社）がある。

一流の男だけが知っている
賢いスーツの買い方

2017年10月5日　初版第1刷発行

著者　しぎはらひろ子
発行者　長坂嘉昭
発行所　株式会社プレジデント社
〒102-8641　東京都千代田区平河町2-16-1
平河町森タワー13階
電話：03-3237-3732（編集）
03-3237-3731（販売）
装幀・図版作成　仲光寛城
撮影　飯貝拓司
販売　桂木栄一、高橋 徹、川井田美景、森田 巌、
遠藤真知子、末吉秀樹
編集　横山愛麿、岡本秀一
制作　関 結香
印刷・製本　凸版印刷株式会社

ISBN 978-4-8334-2230-7

Printed in Japan